Michael Binnenhey

Fürchtet Euch nicht, denn siehe ich verkündige Euch große Freude

AF535209

Michael Binnenhey

Fürchtet Euch nicht, denn siehe ich verkündige Euch große Freude

Neun Weihnachtsspiele

Fromm Verlag

Imprint

Any brand names and product names mentioned in this book are subject to trademark, brand or patent protection and are trademarks or registered trademarks of their respective holders. The use of brand names, product names, common names, trade names, product descriptions etc. even without a particular marking in this work is in no way to be construed to mean that such names may be regarded as unrestricted in respect of trademark and brand protection legislation and could thus be used by anyone.

Cover image: www.ingimage.com

Publisher:
Fromm Verlag
is a trademark of
International Book Market Service Ltd., member of OmniScriptum Publishing Group
17 Meldrum Street, Beau Bassin 71504, Mauritius
Printed at: see last page
ISBN: 978-613-8-37197-7

Copyright © Michael Binnenhey
Copyright © 2021 International Book Market Service Ltd., member of OmniScriptum Publishing Group

Michael Binnenhey

Fürchtet Euch nicht, denn siehe, ich verkündige Euch große Freude ...
Neun Weihnachtsspiele

Inhaltsverzeichnis

Liebe Leserinnen und Leser,

warum habe ich begonnen, selbst Krippenspiele zu schreiben? Einmal, weil es mir selbst einfach Freude macht, die Gedanken, die mir zum Christfest wichtig sind, in Worte zu fassen. Manchmal hat mich die Lust dazu schon mitten im Sommer gepackt, dann ist das Spiel unter einem Eichbaum in Schweden entstanden, manchmal auch erst im Oktober.

Natürlich habe ich diese Krippenspiele auch verfasst, um sie anderen zum Nachspielen anzubieten. Dies möchte ich mit diesem kleinen Buch tun.

Isselburg, den 9. Januar 2021
Pfarrer Michael Binnenhey

Wie Lisa in die Weihnachtsgeschichte kam
Ein Krippenspiel von Pfarrer Michael Binnenhey

Szene 1

(Vier Kinder betreten mit Wave-Boards den Altarraum. Ein Kind, Lisa, wird von den anderen gestützt.)

Lisa:
Au, tut mir das weh. Und das ausgerechnet am Heiligen Abend. ... Bleibt mal einen Moment stehe, ich kann nicht so schnell ... Ganz Weihnachten ist versaut. Ich habe mir ein neues Wave-Board gewünscht, das kann ich ja wohl vorläufig vergessen. Ich kann nur unter dem Christbaum sitzen und mein verstauchtes Bein hochlegen.

Ben:
Tja, du bist eben ungeschickt. Wer fällt auch Heilig Abend auf die Knochen. Aber setz dich mal. Ich zieh dir wenigstens den Schuh aus.

Lisa:
Lass sein, bitte, das tut so weh. Helft mir lieber schnell nach Hause.

Ella:
Was man so schnell nennt! Stütz dich auf mich. Dann wird's schon gehen. Bin froh, dass mir das nicht passiert ist. Wir fliegen übermorgen noch in Urlaub. Und auf Gran Canaria mit verstauchtem Fuß am Meer, dass wäre megablöd.

Luis:
Labert nicht rum ... Ich will nach Hause. Mein Computer wartet auf mich. Ich hab die neuen Spiele nämlich schon und muss weiter installieren.

Lisa:
Und in die Kindergottesdienstweihnachtsfeier komme ich heute Abend auch nicht.

Ben:
Kindergottesdienstweihnachtsfeier? Kirche? Was willst du denn da? Das ist für Babys und stinklangweilig.

Lisa:

Das meinst du. Ich wäre gern hingegangen. Wenn die Kinder Maria und Joseph und die Hirten und die Engel spielen, dann hab' ich immer erst irgendwie richtig Weihnachten.

Ella:

Ich guck' lieber Netflix. Da ist mehr los. Komm, wir hieven dich jetzt nach oben. Und morgen Nachmittag nach dem großen Essen und vor dem geilen Urlaub, da besuchen wir dich mal.

Luis:

Ich hab ganz viele neue Computerspiele schon. Da geht's richtig zur Sache. Da fließt Blut. Das ist nicht so 'n Babykram wie deine Kirche. Da freu ich mich heute Abend drauf. Na, wir sehen uns ja morgen am Nachmittag.

(Sie schleppen Lisa durch eine Seitentür ab. Martinas Mutter öffnet die Tür)

Szene 2

Mutter:

Kind, was ist passiert?

Lisa:

Ich hab mir auf dem alten blöden Wave-Board den Fuß umgeschlagen ... das tut fies weh und auftreten kann ich gar nicht.

Mutter:

(zu Lisa) Zieh dir die Jacke aus und setz sich mal erst. *(zu den anderen)*: Danke, dass ihr Lisa nach Hause gebracht habt. Wenn ihr wollt, könnt ihr sie morgen Nachmittag besuchen.

Ella:

Das haben wir schon ausgemacht! Bis morgen, Lisa, bis morgen, Frau Meier.

Lisa und Mutter:

Bis Morgen!

Mutter:

Lass deinen Fuß mal ansehen *(zieht ihr den Schuh und die Socke aus)* Na ja, das ist ganz schön blau. Ich mach dir einen Verband und dann legst du den Fuß hoch und ruhst dich aus. Wenn es morgen nicht besser ist, müssen wir zum Krankenhaus zum Röntgen. *(Mutter geht)*

Lisa *(als die Mutter weg ist)*:
Das ist Morgen besser, da verlass dich drauf ... ich geh doch nicht zum Röntgen ...

Mutter *(kommt wieder, reibt den Knöchel mit Salbe ein und bewickelt den Fuß)* So, lass das Bein schön hochliegen. Dann ist es vielleicht morgen schon besser. Aber heute bleibst du besser still hier sitzen. Geschenke kann man zum Glück ja auch im Sitzen bekommen.

Lisa:
Ach, ich bin trotzdem traurig. Ohne Kirche ist gar kein Weihnachten. Und da kann ich nun wirklich nicht hin. Ich komm ja in keinen Schuh.

Mutter:
Das ist blöd, ich weiß. Aber wart ab. Vielleicht fällt mir ja noch etwas ein.

Lied
(Lisa zieht sich während des Liedes im Nebenraum den Schlafanzug an.)

Szene 3

(Lisa sitzt im Schlafanzug auf dem Bett. Der bewickelte Fuß ist zu sehen.)

Mutter:
(schaut den Fuß an und bewegt ihn vorsichtig) Da hast du ja wohl noch einmal Glück gehabt. Der Fuß ist nicht mehr ganz so dick, und es tut dir ja auch nicht mehr so weh. Trotzdem darfst du auch morgen noch nicht auftreten. Und wenn es nicht weiter besser wird, gehen wir doch zum Arzt. Und jetzt versuch zu schlafen. Es wird schon wieder. *(Die Mutter steht auf und will gehen.)*

Lisa:
Mama, ..., ach noch mal vielen Dank für das neue Wave-Board. Ich freu' mich riesig. Auch wenn ich vorläufig nicht benutzen laufen kann.

Mutter:
Halt, warte mal!

Lisa:

Was ist denn? Soll ich noch nicht schlafen?

Mutter:

Nein, ich hatte dir doch was versprochen. Vorher sollst du noch ein bisschen Weihnachten haben. Ich möchte dir die Weihnachtsgeschichte vorlesen, so, wie in der Kirche. Dann hast du vielleicht auch ohne Kindergottesdienst ein bisschen Heilig Abend.

(Die Mutter liest Lukas 2, 1-20)

Lisa:

Danke, Mutti, das war echt lieb. Jetzt kann ich schlafen. Vielen Dank. *(Kuschelt sich in die Decke und schläft ein)*

Lied

Szene 4

(Nach dem Lied kommen zuerst Maria und Joseph, dann die Engel und die Hirten. Die ganze Krippenszene wird aufgebaut. Alle sind in üblicher Weise verkleidet. Ein Engel und ein Hirte setzten sich auf Martinas Bett, das seitlich steht.
Lisa wird wach und reibt sich die Augen.)

Lisa:

Hilfe, wo bin ich? Bin ich wach oder träume ich? *(Sie setzt sich auf die Bettkante.)*

Hirte 1:

Wie? Wo bin ich? Wo du bist? In Bethlehem in einem Stall. Aber sag mal, wo kommst du denn eigentlich her?

Hirte 2:

Ja, du siehst so komisch aus. Und bis gerade habe ich dich überhaupt noch nicht gesehen.

Hirte 3:

Pst, seid still! Das Kind schläft jetzt endlich. Es ist doch gerade erst geboren worden. Und auch die Mutter möchte gern schlafen. Wenn man überlegt, was sie alles hinter sich hat. Wegen der Volkszählung ist sie mit ihrem Verlobten Joseph von Nazareth nach Bethlehem gekommen. Und dann hat sie nirgendwo ein

Zimmer gefunden. Nur in diesem Stall durfte sie bleiben. Und hier hat sie ihr Kind bekommen, und eine Futterkrippe ist sein erstes Bett.

Lisa:

Das ist eine schlimme Geschichte. Arme Menschen. Aber wer seid ihr? Und warum seid ihr hier?

Hirte 1:

Du fragst wirklich manchmal so, als hättest du keine Ahnung. Wir sind Hirten. Arme Schlucker. Draußen auf den Feldern sind unsere Schafe. Das kann man doch wohl sehen.

Hirte 2:

Und riechen!

Hirte 3:

Ja, aber dass wir heute Nacht hier sind, das ist schon eine ganz besondere Geschichte. Plötzlich war es taghell auf den Feldern. Und ein Engel Gottes kam zu uns. Und er hat zu uns Hirten gesagt ...

Engel:

Lass mich erzählen. Ich habe zu den Hirten gesagt: „Fürchte euch nicht, siehe, ich verkündige euch große Freude! Denn Euch ist heute der Heiland geboren, welcher ist Christus, der Herr Und das habt als Zeichen: Ihr werdet finden das Kind in Windeln gewickelt und in einer Krippe liegen."

Hirte 3:

Verstehst du? Der Engel hat gesagt: Euch, den Hirten, ist der Retter geboren. Nicht den Reichen. Nicht dem König. Nein, uns den armen Hirten. Und da sind wir alle losgegangen zum Stall, um den neugeborenen König zu sehen. Und wir haben alles wirklich so gefunden, wie der Engel es uns gesagt hat.

Engel:

Ich habe das aber nicht nur zu den Hirten gesagt: Alle Menschen sollen es wissen: Der Retter ist geboren. Allen Menschen ist Gott nahe. Alle Menschen hat Gott lieb. In den Herzen aller Menschen soll große Freude sein.
Und ich sag's jetzt auch dir *(streichelt den verstauchten Fuß)* Du bist traurig, weil dein Fuß weh tut. Aber freu dich trotzdem. Denn heute ist Weihnachten. Gott ist Mensch geworden für uns alle.

Lied

Szene 6

Lisa:

Da kommen ja noch andere Gestalten. Schaut mal dahinten!

(Hinten in der Kirche kommen die Heiligen Drei Könige an.)

Hirte 1:

Tatsächlich, und jetzt wird's vornehm. Die sehen aus wie Könige. Dann werden wir Hirten ja wohl gehen können.

Hirte 2:

Warum? Gott hat uns eingeladen! Wir brauchen nicht zu gehen.

Hirte 3:

Abwarten, wie es den hohen Herren gefällt.

1. König *(auf dem Weg)*:

Da, jetzt sehe ich den Stern wieder ganz deutlich. Er steht ganz still über dem Stall dort drüben.

2. König:

Über einem Stall? Ich denke, wir suchen ein Königskind! Die kommen normalerweise nicht in einem Stall zur Welt.

3. König:

Denkt daran, dass Gott manchmal andere Wege geht als wir Menschen. Und am Königshof bei Herodes gab es ja keinen neugeborenen König. Nur Hass, Angst und Verrat gab es da. Das Kind ist da im Stall sicher besser aufgehoben als an diesem Königshof.

1. König:

Kommt, wir gehen hin und schauen nach, was da los ist.

2. König:

Ich bin ja mal sehr gespannt, was wir zu sehen kriegen.

(Die Könige gehen in den Stall und knien vor der Krippe. Sie geben ihre Geschenke ab.)

3. König:

Gott wird Mensch in einem Stall. Und wir dürfen dabei sein. Ja, es ist sicher: Dieser König ist ein ganz besonderer König. Dieser König wird nicht mit Hass und Gewalt regieren. Dieser König wird mit seiner Liebe in die Herzen der Menschen einziehen. Dieser König kann die Welt zum Guten verändern. Hirten und Könige, Männer und Frauen, Erwachsene und Kinder: Dieser König Jesus Christus lädt alle Menschen zu sich ein.

Lisa *(zu den Hirten)*:

Seht ihr, ihr braucht gar nicht zu gehen. Ihr dürft hier bleiben. Und ich auch. Wir alle können das Kind in der Krippe sehen. Wir alle dürfen hier bleiben. Und das Kind macht unser Leben neu.

(Maria und Joseph, Engel und Hirten gehen auf ihre Plätze zurück. Lisa zieht sich währen des Liedes im Nebenraum um.)

Lied

Szene 6

(Lisa sitzt während der nächsten Szene auf einem Stuhl. Der verbundene Fuß ist hochgelegt. Ella, Ben und Luis betreten den Raum. Alle haben ein kleines Päckchen in der Hand.)

Ella:

Hallöchen, na wie geht's dir? Ach, und erst mal frohe Weihnachten.

(Alle geben ihre Geschenke ab.)

Lisa:

Danke, das ist ja lieb von euch. Wie soll's schon gehen. Der Fuß tut schon lange nicht mehr so weh. Aber wenn ich mein neues Wave-Board sehe, könnte ich so losheulen. Da kann ich vorläufig noch nicht drauf stehen. Und wie gern würde ich jetzt ne Runde mit euch drehen. Aber trotzdem schön, dass ihr da seid. Wie war der Heilige Abend bei euch?

Ella:

Och, ganz gut. Hab' schöne Geschenke gekriegt. Damit habe ich gespielt, und dann war Fernsehzeit. „Der kleine Lord", ich habe dabei geheult wie ein Schlosshund. Und morgen geht's ab nach Gran Canaria – obwohl: Ich selbst würde ehrlich auch ganz gern hier bleiben und im Schnee toben.

Ben:

Bei uns war's langweilig. Nach der Bescherung ist außer der Glotze nichts mehr gelaufen. Hab bis zwei Uhr einen Horrorfilm gekuckt. Na, Weihnachten ist doch nur noch Rummel und Quatsch. Wird sicher bald abgeschafft.

Luis:

Alles war so toll, bis mein Computer abstürzte. Irgendwas stimmt da nicht. Jetzt ist Weihnachten total versaut. Keine neuen Spiele, gar nix. Total doof. Hoffentlich läuft die Kiste bald wieder. Aber bei dir war's doch sicher noch schlimmer. *(Er zeigt auf ihren Fuß.)*

Ben:

Ja, du konntest ja nicht mal in deinen geliebten Babykindergottesdienst.

Lisa:

Wenn ich Euch so höre, dann war es bei mir eigentlich doch ganz schön. Nachdem meine Mutter mich verarztet und getröstet hatte, hat sie mir die Weihnachtsgeschichte vorgelesen. Das war richtig gemütlich. Und dann bin ich rasch eingeschlafen. Und weil ich nicht in die Kirche konnte, ist die Kirche irgendwie zu mir gekommen. Das habe ich selbst noch nicht ganz begriffen. Ich hab die Engel gesehen, die Hirten, die Könige ...

Ben:

Soll ich das Fieberthermometer holen?

Lisa:

Keine Angst, ich bin weder krank noch durchgeknallt. Ich hab nur einen verstauchten Fuß.

Luis:

Musst du vielleicht doch besser in die Irrenanstalt? ...

Lisa:

(traurig) Gemeiner Blödmann. Dir hat der Computer wohl das Gehirn vernebelt ...

Ella:

Nun zankt doch nicht rum. Also, erzähl weiter.

Lisa:

Ich hab im Traum alles gesehen: Die Engel, die Hirten, die Könige und das Kind in der Krippe. Das war richtig schön.

Aber ich habe eine gute Idee: Nächstes Jahr gehen wir alle gemeinsam in die Kirche zum Krippenspiel. Dann merkt ihr, was da passiert. Und vielleicht können wir alle dann ein bisschen Weihnachtsfreude mit nach Hause nehmen. Vielleicht können wir dann alle im Herzen spüren: Weihnachten ist Gott Mensch geworden aus Liebe zu uns.

Lied:

„Glaubst du denn, was du hörst und siehst?“
Ein Krippenspiel von Pfarrer Michael Binnenhey

Szene 1:

Durch Tücher ist rechts vorne in der Kirche eine kleine Hütte angedeutet. Man sieht Decken als Betten auf der Erde. Im Raum sind ein Vater und seine Tochter. Der Vater trägt ein Hirtengewand. Das Mädchen hat nur ein einfaches Nachthemd an.

Hanna: Gute Nacht Vater, ich gehe gleich ins Bett. Pass gut auf diese Nacht. Es sind so viele Menschen in der Stadt, vielleicht sind auch Räuber darunter. Morgen früh komme ich aufs Feld und bringe dir Frühstück.

Amos: Ach Hanna, ich lasse dich nicht gern allein. Aber wenn ich nicht als Hirt draußen bei den Schafen arbeiten würde, dann hätten wir gar nichts zu essen. Es reicht ja so kaum für uns beide. Pass auch auf dich auf. Lass niemanden in unsere Hütte. Bis Morgen. Ich freue mich, wenn du zu mir kommst. Und jetzt bleib nicht mehr so lange auf. Geh rasch ins Bett und schlaf gut.

Der Vater geht. Das Mädchen räumt noch ein bisschen auf, dann krabbelt es zwischen die Decken und schläft.

Szene 2:

Plötzlich wird es ganz hell. Das Mädchen springt auf. Es zieht sich eine Jacke über und läuft auf bloßen Füßen aus der Hütte.

Hanna: Was ist los? Es ist ja ganz hell! Das Licht kommt von den Feldern. Irgendetwas ist passiert. Irgendetwas ganz besonderes! Ich muss los! Ich will zu meinem Vater.

Das Mädchen läuft los und stößt nach wenigen Schritten mit einem Jungen zusammen. Der Junge ist gut angezogen, er trägt einen farbigen Umhang und Schuhe.

Hanna: Hilfe, wer bist du?

Quintus: Pst, ich bin Quintus. Mein Vater ist der römische Befehlshaber hier in Bethlehem. Und wer bist du?

Hanna: Ich bin Hanna, mein Vater ist Hirte da draußen. Hoffentlich ist ihm nichts passiert.

Quintus: Hast du auch das Licht gesehen? Auf einmal war alles taghell da draußen auf den Feldern.

Hanna: Ja, was hat das alles zu bedeuten?

Quintus: Ich weiß auch nicht. Aber es sind so viele Fremde in der Stadt. Alle Soldaten haben Dienst wegen der Volkszählung. Wer weiß, was da wieder los ist.

Hanna: Komm, wir laufen hin und sehen nach!

Quintus: Hast du denn keine Angst?

Hanna: Seh' ich so aus? Ich laufe oft schon morgens ganz früh allein auf die Felder, um meinem Vater das Frühstück zu bringen.

Quintus: Pass aber auf, dass uns keiner zusammen sieht! Wenn mein Vater mich mit einem armen Judenmädchen entdeckt, dann bekomme ich Hausarrest.

Hanna: Ich darf auch nicht mit feinen Römerpinkeln spielen. Die Römer sind die Besatzungsmacht. Die Feinde. Aber diese Nacht ist wohl alles anders.

Die beiden rennen miteinander los.

Lied

<u>Szene 3:</u>

Maria und Joseph sitzen im Stall. Maria ist in eine Decke gewickelt. Das Kind liegt in der Krippe.

Maria: Ich kann's gar nicht glauben. Wir haben alles überstanden. Erst die weite Reise, dann die lange Suche nach einer Herberge und jetzt auch noch die Geburt. Unser Kind ist lebendig und schläft da. Gott war wirklich immer bei uns. Gott hat uns wirklich immer geholfen. Auch wenn ich manchmal daran gezweifelt habe.

Joseph: Ich bin auch so froh, Maria. Unser Kind Jesus ist da. Gott hat es uns versprochen, nun ist es geboren. Ich kann es noch gar nicht ganz begreifen.

Maria: Ach Joseph, ich bin so müde. Siehst du auch das viele Licht?

Joseph: Das Licht sehe ich auch. Es hat gewiss etwas mit Gott zu tun. Hat nicht Gott zu dir gesagt: Das Kind wird das Licht der Welt sein?

Maria: So richtig kann ich das alles noch nicht verstehen. Ich glaube, ich muss zuerst einmal schlafen. Gleich wird Jesus wieder wach und braucht meine Kraft und meine Milch.

Szene 4:

Die Engel kommen in langen weißen Gewändern dazu und stellen sich rings um den Stall, ohne Hanna und Quintus zu verdecken. Die Hirten betreten den Raum. Sie haben Schafe dabei, Käse und Brot. Auch Amos ist dabei, der Vater von Hanna. Von der anderen Seite kommen Hanna und Quintus. Sie sitzen etwas erhöht.

Quintus: Stopp, hier hocken wir uns hin, Hanna. Von hier aus können wir alles gut sehen.

Hanna: Und niemand sieht uns, Quintus, das ist einfach klasse. *(Schaut sich alles an)* Ach du je, da ist ja Papa. Hoffentlich entdeckt er mich nicht. Aber jetzt sei mal leise, mal sehen, was hier geschieht.

1. Hirt: Der Engel hatte doch recht: Wir finden ein Kind in einer Krippe. Hier auf den Feldern bei Bethlehem.

Amos: Der Engel hat noch mehr gesagt: Das Kind kommt von Gott. Es ist unser Retter, es ist der neue König von Israel.

2. Hirt: Das soll ich glauben? So ein kleines Baby soll unser Retter sein? Das kann ich mir nicht vorstellen. Wie soll ein winziges Kind uns retten.

3. Hirt: Aber du hast doch auch draußen auf den Feldern das Licht gesehen und den Engel, und dann all die anderen Engel, die gesungen haben: „Ehre sei

Gott in der Höhe und Frieden auf Erden und den Menschen ein Wohlgefallen.

4. Hirt: *(zu Joseph)* Sei gegrüßt! Ein Engel hat uns von Euch erzählt. Ein Engel hat uns zu Euch geschickt. Er hat uns gesagt: Euer Kind ist Gottes Kind. Euer Kind ist der Retter der Welt.

Joseph: Kommt her und setzt euch. *(Setzen sich)* Auch ich kann das Wunder kaum verstehen. Gott wird Mensch, Gott kommt zu uns. Und Maria und mich, uns einfache Menschen aus dem kleinen Nazareth hat Gott dafür auserwählt.

Die Hirten geben Joseph ihre Geschenke.

<u>Szene 5:</u>

Quintus: Hanna, glaubst du das eigentlich, was du da siehst? Ein Baby liegt in einer Futterkrippe, Hirten kommen hierher und bringen Geschenke. Alles ist voll Licht, und Engel stehen um den Stall? Ist das nicht alles nur ein Traum? Bilden wir uns das nicht nur ein?

Hanna: Aber wir sind doch zu zweit und sehen es beide: Die Eltern, das Kind, die Hirten, die Engel. Und mein Papa ist auch da. Nein, das ist kein Hirngespinst.

Quintus: Hanna, glaubst du denn, was du hörst? Die Hirten sagen: Dieses Kind ist der Retter von Gott! Dieses Kind macht die ganze Welt neu. Die Hirten haben es von den Engeln gehört. Wenn das mein Vater hört, gibt es Krieg.

Hanna: Typisch Römer. Ihr wollt gegen ein Kind kämpfen. Nein, dieses Kind kommt nicht mit Waffen in unser Leben. Dieses Kind kommt mit Liebe in unsere Herzen. Ja, ich glaube, was ich da höre. Ich weiß von meinem Papa, dass die Menschen in Israel schon lange auf den Messias warten, auf den Retter von Gott. Und ich fühle, dass dieses kleine Kind da wirklich dieser Retter ist.

Quintus: Mädchen und ihre Gefühle. Gefühle sind keine Beweise. Ich kann nicht so einfach glauben, was die Engel und die Hirten sagen. Ich kann mir das alles hier überhaupt nicht richtig vorstellen. Ich glaube, ich gehe und

erzähle alles doch meinem Vater. Der wird schon dahinterkommen, was hier gespielt wird.
Quintus steht auf, Hanna zieht ihn zurück auf den Sitzplatz.

Hanna: Halt, sieh doch da vorn: Da kommen Männer, die wie Könige aussehen.
Quintus: Könige? Ich muss sofort zu meinem Vater! Die Armee muss kommen. Vielleicht ist das eine Invasion. Das Reich von Kaiser Augustus in Rom ist in großer Gefahr *(will wieder aufstehen)*.

Hanna: *(zieht ihn wieder zurück und legt ihre Beine über seine)* Du bleibst und hörst zu. Vielleicht lernst auch du dann noch, dass dies alles hier nichts mit Krieg und Invasion zu tun hat.

Lied

<u>Szene 6:</u>

Die Könige kommen nach vorn zur Krippe. Die Engel und die Hirten sind noch da. Auch Maria ist wieder wach und sitzt neben Joseph.

Caspar: Da liegt das Kind. Der Stern hat recht gehabt. Wir haben den König gefunden. Der lange Weg hat sich doch gelohnt.

Melchior: Gut, dass wir uns auf diesen Weg gemacht haben. Nun wissen wir: Gott hat die Menschen nicht vergessen. Gott liebt die Menschen. Gott vergibt den Menschen ihre Schuld. Er macht das Dunkel hell.

Balthasar: Gott macht einen Neuanfang mit den Menschen. Das zeigt uns dieses neugeborene Kind. Nichts wird so sein wie vorher, denn die Liebe Gottes ist Mensch geworden.

Die Könige knien nieder und legen ihre Geschenke ab.

Caspar: Sei gegrüßt, Gotteskind. Wir kommen von ferne um dich anzubeten. Du bist unser Retter.

Melchior: Du wirst die Welt nicht mit Soldaten beherrschen, sondern mit Liebe. An deinen Händen wird nicht das Blut anderer Menschen kleben, sondern Segen wird von dir ausgehen.

Balthasar: Und doch werden dich die Menschen ans Kreuz nageln und töten. Aber das Leben wird stärker sein in dir. Denn du bist der Retter für alle Zeit. Du schenkst uns das wahre Licht und das wahre Leben.

Szene 7:

Quintus und Hanna sitzen nebeneinander.

Hanna: Glaubst du denn jetzt endlich, was du hörst? Christus, der Retter, wurde geboren, der Messias Israels und aller Menschen. Glaubst du jetzt, was du hörst? Oder müssen noch mehr Menschen kommen, um dir zu sagen, was sie tief im Herzen spüren?

Quintus: Ich weiß es immer noch nicht. Aber ich will darüber nachdenken. Komm, wir gehen erst einmal hier weg.
(Beide gehen weg vom Stall zur Seite)
Aber eins verspreche ich dir, Hanna: Ich werde meinem Vater nichts sagen. Ich habe die Freude in deinen Augen gesehen. Ich habe die Freude in den Augen der Hirten und der Könige gesehen. Und diese Freude darf ich nicht kaputtmachen.

Hanna: Ab jetzt haben wir ein Geheimnis. Zu keinem Menschen ein Wort?

Quintus: Zu keinem Menschen ein Wort! Versprochen!

Hanna: *(umarmt ihn)* Danke, Quintus, du bist in Ordnung. Wenn du kein feiner Römerpinkel wärst, könnte man dich glatt ein bisschen lieb haben.

Quintus: Tschüß, barfüßiges kleines Judenmädchen. Auch wenn ich nicht mit dir zusammen gesehen werden darf: Gut, dass du glaubst, was wir gehört haben. Halte die Liebe des Kindes auch für mich fest in deinem Herzen.

Quintus geht ab, Hanna geht mitten in die Gemeinde.

Szene 8:
Hanna steht so, wie sie ist, barfuß und in ihrer alten Jacke, mitten zwischen der Gemeinde.

Hanna: Und Ihr heute hier in NN, Ihr Kinder und Ihr Erwachsenen? Glaubt Ihr, was Ihr gerade gesehen habt? Glaubt Ihr, was Ihr gerade gehört habt? Oder geht Ihr gleich nach Hause und vergesst das Kind und die Krippe sofort wieder? Denkt Ihr dann nur noch an das Essen und die Geschenke? Ich bitte Euch alle von ganzem Herzen: Glaubt, was ihr seht. Glaubt, was ihr hört. Nehmt das Licht von Bethlehem mit in Eure Häuser. Nehmt die Liebe des Kindes mit in Eure Häuser. Gebt das Licht und die Liebe weiter, damit ihr wirklich ein frohes und gesegnetes Weihnachtsfest habt. Vergesst nicht: Das Kind in der Krippe ist wirklich der Retter der Welt. Gott schenkt uns allen neues Leben. Gott schenkt uns allen einen Neuanfang.

Alle gehen zurück auf ihre Plätze.

„Weihnachten ist doch etwas Besonderes"
Ein Krippenspiel von Pfarrer Michael Binnenhey

Szene 1:

Zwei Liegestühle stehen in der Mitte. Auf einem sitzt ein Mädchen in hochsommerlicher Kleidung: Top, kurze Hose, barfuß. Ein Junge kommt dazu, auch er ist im T-Shirt, in kurzer Hose und barfuß. Er bleibt vor dem Mädchen stehen.

Philipp: Hallo!

Larissa: Hei! Du bist aber noch blass. Ihr seid wohl noch nicht lange hier auf Teneriffa.

Philipp: Nee, wir sind gestern erst angekommen. Wir haben Weihnachten noch zuhause gefeiert.

Larissa: Setz dich, Käsegesicht. *(Der Junge setzt sich)* Wir sind schon seit fünf Tagen hier. Ich hab am letzten Schultag blaugemacht, da war die ganze Reise glatt tausend Euro billiger für uns alle. Und seitdem sitze ich in der Sonne oder bade im Pool.
Was meinst du übrigens mit: Wir haben Weihnachten noch zuhause gefeiert? Geschenke kann man sich doch auch hier in die Hand drücken. Außerdem gab's bei uns dies Jahr nix. Dafür sind wir ja hier.

Philipp: Ich mein auch nicht die Geschenke. Ich mein: Weihnachten ist doch was Besonderes. Das kann man doch nicht einfach nach Teneriffa verlegen.

Larissa: Wieso? Zuhause liegt doch sowieso kein Schnee und einen Baum gibt's hier im Hotel auch. Schön bunt und kitschig sogar.

Philipp: Du verstehst mich nicht.

Larissa: Nee, Käsegesicht, wirklich nicht.

Philipp: Ich mein, jetzt lachst du bestimmt gleich, ich mein, ich war in der Kirche und hab sogar beim Krippenspiel mitgemacht. Ich durfte Joseph sein.

Larissa: *(lacht)* Joseph, Joseph ... Das ist ja schon fast peinlich. Und was hat dir das gebracht? Ich mein, hast du dafür ein Extrageschenk gekriegt, oder warum machst du so was Blödes?

Philipp: *(aufgeregt)* Das ist überhaupt nicht peinlich. Ich glaube an Gott, und ich habe deshalb Weihnachten gefeiert, weil da Jesus geboren ist.

Larissa: Ja, ist ja gut, du musst ja nicht gleich fast heulen. Du bist eben so. Es muss auch so Typen wie dich auf der Welt geben. Jetzt muss ich rein. Man sieht sich.

Philipp: Vielleicht ... *(beide gehen ab)*

Szene 2:

Wie oben, nur diesmal sitzt Philipp im Stuhl und Larissa kommt dazu.

Larissa: *(steht da, tritt von einem Bein aufs andere)* Hallo Käsegesicht, na ja, bisschen braun bist du ja schon.

Philipp: Hallo!

Larissa: *(druckst)* Also ... ich wollt ... ich wollt mich entschuldigen, ich war gestern fies zu dir ... und außerdem ... naja, ich weiß nicht, kannst du mir helfen?

Philipp: Nun setz dich und schieß los. Was hat dir so zu schaffen gemacht?

Larissa: Ich hab nachgedacht ... Über Weihnachten und so. Ich hab dumm daher gequatscht. Aber ich weiß auch gar nichts. Wir gehen nicht zur Kirche, ich weiß nicht mal, ob ich getauft bin ...
Und da hab ich eben einfach gesagt: Weihnachten ist doch nichts Besonderes. Aber für dich scheinbar wohl. Und jetzt ... möchte ich wissen warum!

Philipp: Kennst du die Weihnachtsgeschichte?

Larissa: Die Weihnachtsgeschichte? Welche Weihnachtsgeschichte?

Philipp: Ja, die aus der Bibel, mit den Hirten und den Engeln, die, in der ich Joseph war.

Larissa: Nö. Ich weiß nicht mal, wer Joseph ist.

Philipp: Dann pass jetzt mal gut auf: Ich will dir das alles erzählen, was in der Bibel über Weihnachten steht. Über Maria und Joseph, die Hirten und die Engel. Dann kapierst du vielleicht, was ich meine. Aber jetzt hör gut zu, wie alles angefangen hat.

Lied

Szene 3:

Der Kaiser Augustus tritt mit prächtigem Gewand in die Mitte. Vor ihm stehen zwei Soldaten mit Schwertern.

Augustus: Ich, Augustus, der mächtige Kaiser und Gott in Rom, erteile der ganzen Welt einen Befehl. Alle Menschen sollen sich in Steuerlisten eintragen lassen. Alle sollen für meinen Frieden bezahlen. Jeder erwachsene Mann soll in seine Geburtsstadt gehen. Dort wird er aufgeschrieben.

Die Soldaten rennen los, um den Befehl auszuführen.

Szene 4:

Maria und Joseph sind in einfacher Kleidung unterwegs. Maria ist barfuß. Joseph stützt Maria.

Maria: Ich kann nicht mehr. Mein Rücken und meine Füße tun so weh, und das Kind ist so schwer. Ich glaub auch, dass ich nicht mehr lange Zeit hab. Dann kommt das Kind.

Joseph: Ach Maria, warum hat uns der Kaiser bloß auf diese Reise geschickt. Aber wart, da vorn ist ein Wirtshaus.
(klopft)

1. Wirt: *(trägt eine Schürze vor seinem dicken Bauch, böse)* Schert euch weg, Lumpenpack. Sicher könnt ihr nicht einmal bezahlen. Außerdem ist hier alles belegt.

Maria und Joseph gehen weiter.

Joseph: Warte, Maria, da ist noch ein Gasthaus. Vielleicht haben wir da mehr Glück. *(klopft)*

2. Wirt: *(trägt auch eine Schürze, tut freundlich)* Ach, schau an, zwei arme Menschen, aber leider, leider kann ich euch nicht helfen. Ich habe schon all meine Zimmer belegt. Ach, ihr tut mir ja so leid, ja, ja, ... So viele arme Menschen sind unterwegs ...

Maria und Joseph gehen weiter. Maria humpelt und wischt sich mit der Hand die Tränen ab.

Maria: Joseph, ich kann nicht mehr. *(Setzt sich auf die Erde und schaut ihre bloßen Füße an)* Alles ist wund und voller Blasen. Ich bleibe hier. Such du allein weiter, und hol mich, wenn du was gefunden hast.

Joseph: *(verzweifelt)* Maria, du musst aber mit! Die ganze Stadt ist voll Gesindel. Und das Kind kommt bald *(Hebt sie hoch und schleppt sie mit)* Dort ist wieder ein Gasthaus. *(klopft)*

3. Wirt: *(sieht Maria und Joseph an, sieht Marias Bauch und ihre bloßen Füße)* Ach du je, wie soll ich euch armen Menschen denn noch helfen? Ich hab doch alle Betten belegt ... Aber wartet, im Stall bei den Tieren im Stroh, da hab ich noch Platz für euch beide. Ist zwar kein Luxus da, aber vielleicht seid ihr damit zufrieden.

Maria: Ja, bitte, guter Wirt, bring uns in deinen Stall. Ich möchte nur liegen und schlafen.

Der Wirt führt Maria und Joseph zum Stall, beide setzen sich erschöpft hin.

3. Wirt: Hier könnt ihr bleiben, solange ihr wollt. Sieht mir so aus, als würde das Baby bald geboren.

Joseph: Danke, du bist ein guter Mensch.

Lied

Szene 5:

Hirten sitzen im Kreis. Sie tragen raue, einfache Gewänder und laufen barfuß oder in groben Socken. Plötzlich kommt ein Engel im weißen Gewand kommt dazu.

Engel: Fürchtet Euch nicht, siehe, ich verkündige Euch und dem ganzen Volk große Freude. Ihr alle werdet es spüren. Euch ist heute der Retter geboren, Christus, der Herr, in der Stadt Davids, in Bethlehem. Passt gut auf: Ihr erkennt das Kind daran, dass es in Windeln gewickelt ist und in einer Futterkrippe liegt.

Viele Engel kommen dazu.

Alle Engel: Ehre sei Gott in der Höhe und Frieden auf der Erde und den Menschen soll es gut gehen!

Die Engel verschwinden wieder und gehen zum Stall. Die Hirten springen auf.

1. Hirte: Kann das sein? Bin ich wach? Habt Ihr das auch gesehen?

4. Hirte: Ja, ja, was war das? Alles war auf einmal ganz hell und der Gesang war so herrlich schön.

1. Hirte: Was sollte das bedeuten? Ob das die Engel Gottes waren?

2. Hirte: Es ist wahr geworden, was schon der Prophet Jesaja uns vor langer Zeit versprochen hat: Der Retter ist da. Gott hat uns nicht vergessen, wir sind nicht allein. Alles wird neu.

3. Hirte: Das soll stimmen? Und wir arme und schmutzige Hirten erfahren als erste davon? Das kann doch gar nicht sein.

4. Hirte: Aber es war so schön. Viel schöner als man träumen kann. Und wir haben es doch alle gehört und gesehen.

2. Hirte: Wir müssen einfach nachschauen. Kommt, wir gehen nach Bethlehem. Wir suchen den Stall. Wir suchen das Kind in den Windeln. Wir suchen das Kind in der Krippe.

3. Hirte: *(zum zweiten Hirten)* Was hat dein Jesaja damals über das Kind gesagt?

2. Hirte: Jesaja hat uns versprochen, dass mit diesem Kind alles neu wird. Gott schenkt den Menschen damit sein Erbarmen. Gott schenkt den Menschen seine Liebe. Gerade auch uns kleinen Leuten. Gerade auch uns armen und verachteten Menschen. Gott wird in diesem Kind Mensch, um uns Menschen von Leid und Tod zu erlösen. Aber los, wir müssen hinterher, die anderen sind schon fast da!

Szene 6:

Die Hirten kommen zum Stall. Maria und Joseph sitzen da, das Kind liegt in der Krippe. Die Hirten treten ein und knien nieder.

1. Hirte: Alles ist so, wie der Engel es gesagt hat. Das Kind ist in Windeln gewickelt und liegt in einer Futterkrippe.

2. Hirte: Und wir dürfen glauben: Das Kind ist unser Erlöser. Es ist der Retter, den Gott uns Menschen versprochen hat. In ihm finden wir das wahre Leben.

3. Hirte: *(zu Maria und Joseph)* Wir haben keine großen Geschenke: Hier habt ihr Decken und Brot, damit ihr nicht frieren und Hunger haben müsst.

4. Hirte: Wir stinken auch nach Schafen. Aber hier sind ja auch Tiere. Da dürfen wir sicher etwas bleiben. Ich habe auch noch nie ein Menschenbaby so von nahem gesehen.

Maria: Danke, ihr lieben Männer. Ihr helft uns wirklich. Wir sind so arm wie ihr. Seid unsere Gäste.

Joseph: Und doch habt ihr recht: Auch wir wissen von Gott: Unser Kind ist der Heiland der Welt. Aber auch wir können es kaum begreifen. Er ist doch so winzig, unser Jesus.

2. Hirte: Doch Gott hat Großes mit ihm vor.

3. Hirte: Seht mal, da kommt hoher Besuch. Bestimmt müssen wir dann bald verschwinden.

Maria: Wer auch immer kommt, ihr bleibt bei uns.

Joseph: Gott hat euch nämlich selbst eingeladen.

Szene 7:

Drei Könige kommen aus der Mitte der Kirche.

1. König: Seht, dort ist groß der Stern zu sehen,
er steht dort leuchtend, hell und klar.
Er wies den Weg, wir sollten gehen,
zu finden's Kind, so unscheinbar.

2. König: Der Stern hat uns den Weg gewiesen,
das Ziel ist dort der arme Stall.
Drum sei nun Gott sehr hoch gepriesen,
er herrschet hier und überall.

3. König: Das Kind, das dort liegt in der Krippen,
es ist der Retter aller Welt.
wir grüßen es mit unser Lippen,
als unsern Herrn vom Himmelszelt.

Die Könige gehen zum Stall und knien nieder.

1. König: O Kind, du Herrscher aller Zeiten,
wir bringen dir Geschenke dar,
woll'n Freude dir damit bereiten,
weil du uns liebst so wunderbar.

2. König: Aus Morgenland sind wir gekommen,
zu sehn das neue Königskind,
Herodes Zorn ist schon entglommen,
darum von ihm gefloh'n wir sind.

3\. König: Du, Kind, der Heiland bist der Menschen,
du bringst die Liebe in die Zeit.
wolln Glück und Freude dir auch wünschen
zu lieben dich, wir sind bereit.

1\. König: Gold, Weihrauch, Myrrh', sind unsere Gaben,
du bist ein wahres Königskind.
an dir die Welt den Herrn wird haben,
wir deine Diener heute sind.

Alle knien nun noch eine Zeit still im Stall. Dann gehen alle ab.

Lied

Szene 8:

Larissa und Philipp sitzen wieder in ihren ursprünglichen Kostümen im ersten Bühnenbild.

Larissa: Eins muss ich dir lassen, das war wirklich beeindruckend. Zum Schluss die Könige waren besonders feierlich. Ich hatte das alles noch nie gehört.

Philipp: All das steht in der Bibel so aufgeschrieben. Und jedes Jahr an Weihnachten feiern die Menschen auf der ganzen Welt das Fest der Geburt Jesu.

Larissa: Auch hier auf Teneriffa, wo es so warm ist?

Philipp: Auch hier auf Teneriffa. Das Wichtigste an Weihnachten sind ja nicht die Winterzeit, die Kerzen und die gemütliche Stimmung, auch wenn das alles sehr schön ist.

Larissa: Und die armen Menschen, die keine Geschenke haben, feiern die auch Weihnachten?

Philipp: Na klar, denn auch die Geschenke sind zwar schön, aber nicht wirklich wichtig. Weihnachten kann man auch ohne Geschenke feiern.

Larissa: Wirklich wichtig an Weihnachten ist wohl, dass Jesus geboren ist.

Philipp: Wirklich wichtig an Weihnachten ist, dass Gott Mensch wurde, um allen Menschen seine große Liebe ganz nahe zu bringen. Wir alle sind nicht allein. Gott ist bei uns. Gott hat uns lieb.

Larissa: Gott hat uns lieb. Über diesen Satz möchte ich nachdenken. Bei uns im Dorf gibt es auch einen Pastor und auch eine Kirche. Da gehe ich mal hin. ... mhhh ... darf man da nur rein, wenn man getauft ist?

Philipp: Nein, da darf jeder rein. Der Pastor freut sich bestimmt, wenn du kommst. Und wenn Kirche dir gefällt, dann lässt du dich einfach taufen.

Larissa: Ich denk mal drüber nach.
Weihnachten ist Gott Mensch geworden. Wenn das wirklich so ist, dann ist Weihnachten doch etwas Besonderes.
Ich will reingehen und meinen Eltern davon erzählen. Tschüß Käsegesicht. Bis bald ... Philipp.

Philipp: Bis bald Larissa. Und vergiss niemals in deinem Leben, was du heute über Weihnachten erfahren hast.

Larissa: Bestimmt nicht. Und wenn wir nächstes Jahr wieder nach Teneriffa kommen, dann vielleicht auch erst nach Weihnachten.

Lied

„Die Wahrheit ist anders"
Ein Krippenspiel von Pfarrer Michael Binnenhey

1. Szene:

Maria und Joseph gehen durch den Altarraum. Beide sind barfuß und auch sonst einfach gekleidet.

Joseph:
Ach, Maria, bald habe ich echt keinen Mut mehr. Alle Herbergen hier in Bethlehem sind total überfüllt. Schon zweimal sind wir abgewiesen worden. Wir müssen irgendwo auf den Feldern schlafen.

Maria:
Fünf Tage sind wir jetzt unterwegs. Und ich habe das Gefühl, dass unser Kind bald geboren wird. Joseph, ich kann nicht mehr. Und ich kann mein Kind auch nicht irgendwo auf den Feldern kriegen. Vielleicht hat Gott doch noch ein Einsehen mit uns. Wir müssen ein Dach über dem Kopf finden.

Maria und Joseph gehen ein Stück weiter.

Joseph:
Schau, Maria, dort ist noch Licht. Dort ist noch eine Herberge. Da gehen wir hin. Da will ich noch einmal anklopfen.

Maria:
Lass es uns versuchen. Ich komme nicht mehr weiter.
Maria und Joseph gehen bis zur Herberge. Maria stützt sich auf Joseph. Joseph klopft an die Tür.

Wirt:
Wer seid ihr? Ich habe alle Betten belegt. Nirgendwo hab ich mehr Platz. Ihr wisst doch, dass die Volkszählung ist. Alle Menschen müssen in ihre Heimatstadt gehen, um sich zählen zu lassen.

Maria:
Aber ich kann nicht mehr weiter. Alles tut mir weh, und mein Kind wird bald geboren. Bitte, Herr Wirt, haben sie Erbarmen mit uns, und lassen sie uns irgendwo schlafen.

Wirt:
(schaut Maria von oben bis unten an) Na, wenn's so ernst ist ... Unten bei den Tieren im Stroh, da hab ich noch ein bisschen Platz. Kommt mit, ihr beiden. Ihr braucht dann auch nicht zu bezahlen.

Joseph:
Danke, Wirt, du bist ein guter Mensch.

Maria:
Ja, danke, Wirt. Gott weiß, was du heute Gutes getan hast.

Wirt:
Nun übertreibt es mal nicht. Ich bin kein Heiliger. Ich habe eben nur ein Herz für arme Schlucker wie euch. *(Bringt Maria und Joseph zum Stall.)*

2. Szene:

Maria und Joseph setzen sich im Stall hin. Joseph wickelt Maria in Decken.

Maria:
Joseph, wir haben's geschafft. Jetzt hab ich keine Angst mehr. Jetzt kann das Kind kommen. Es gibt doch noch gute Menschen.

Joseph:
Gott sorgt für uns. Das hat er uns versprochen. Warte ab, jetzt wird wirklich alles gut.

Lied

3. Szene

Hirten liegen auf den Feldern. Sie tragen einfache Kleidung, einige sind barfuß.

Amos:
Vierzig Jahre bin ich jetzt Hirte hier auf den Feldern. Und was ist? Als armer Schlucker bin ich geboren, als armer Schlucker werde ich einmal sterben. Das ganze Leben habe ich gearbeitet, alle Knochen tun mir weh und mir gehört nach wie vor nichts.

Jona:
Ja, die Herren, denen gehört eben alles. Und wir müssen für sie arbeiten.
Ruben:
Ihr könnt immer nur meckern. Ich hab mich mit allem abgefunden. Für uns tut keiner was und es ändert sich nichts.

Jona:
Ich kann mich nicht mit allem abfinden. Man muss sich doch mal wehren.

Simeon:
Aber kämpfen lohnt sich auch nur dann, wenn man Aussicht auf Erfolg hat. Doch schaut, was ist dort los? Was ist da schon wieder passiert?

Zwei Hirten stützen einen weiteren Hirten und bringen ihm zum Lager.

Samuel:
Jonathan ist ein Stück Holz auf den Fuß gefallen, er hat starke Schmerzen.

Die beiden Hirten setzen Jonathan vorsichtig ab.

Jonathan:
(während Samuel ihm die Fußbekleidung auszieht) Autsch, warum passiert so was immer mir. Ich hab nicht gesehen, dass das große Stück Holz auf dem Brennholzstapel lose lag.

Simeon:
Du bist und bleibst ein Tollpatsch. Aber mal ehrlich, eigentlich hätte das jedem von uns passieren können.

Samuel:
Beiß jetzt mal die Zähne zusammen. Ich versuch zu ertasten, ob deine Zehen gebrochen sind. *(Tastet Jonathans Zehen ab)*

Jonathan:
(stöhnt) Ohhh ... aua ... das tut weh. ... aua ... Was meinst du, Samuel?

Samuel:
Gebrochen scheint mir nichts zu sein. Sonst würdest du noch ganz anders jammern. Aber weh tut's dir wohl trotzdem noch einige Zeit. Das wird alles wohl

noch ziemlich blau werden. Und arbeiten kannst du die nächsten Tage sicher nicht.

Amos:
Da hast du's wieder. Wer weiß wie lange Jonathan nicht vernünftig laufen kann. Uns kann alles passieren. Keiner hilft uns, keiner kümmert sich um uns. Wir sind bloß die Hirten.

Micha:
Wenn's drauf ankommt, dann ist keiner für uns da. Nee, damit kann ich mich nicht abfinden ...

Jonathan:
Aber Samuel und Elias haben mir doch geholfen. Sie haben mich hierher getragen und Samuel hat meinen Fuß untersucht.

Jona:
Papperlapapp. Da hast du auch was von. Verraten und vergessen sind wir. Das ist die Wahrheit.

Jonathan:
Nein, ihr irrt euch. Die Wahrheit ist anders. Die Wahrheit ist ...

<u>4. Szene:</u>

Plötzlich wird es strahlend hell. Die Engel kommen dazu. Der Verkündigungsengel tritt vor:

Engel 1:
Fürchtet euch nicht! Siehe, ich verkündige euch große Freude, die alle Menschen spüren sollen. Euch ist heute der Retter geboren, Jesus Christus, der Herr. In Bethlehem, in der Stadt, in der auch König David vor vielen Jahrhunderten geboren wurde. Das habt als Erkennungszeichen: Ihr findet das Kind in Windeln gewickelt und in einer Futterkrippe.

Alle Engel:
Ehre sei Gott in der Höhe und Frieden auf Erden für alle Menschen, die ein gutes Herz haben.

Lied

5. Szene:

Die Engel sind wieder weg. Die Hirten stehen auf und laufen durcheinander. Jonathan stützt sich auf Samuel

Samuel:
Was war das? Habt ihr das auch gesehen?

Amos:
Ich glaub ich spinne. Das muss vom ewigen Hunger und von der Kälte und vom Gestank bei uns Hirten kommen. Jetzt sehen wir schon Gespenster.

Jona:
Schon seit zwei Tagen hab ich nichts Vernünftiges mehr gegessen. Ah, es dauert nicht mehr lange, dann pack ich mir so ein blödes Vieh und fress es auf! So richtig lecker gebraten, ah, ich rieche schon den Duft ...

Simeon:
Ja, und den riecht der Boss auch und du fliegst achtkantig raus und kannst endgültig hungern!

Jonathan:
Still, Schluss jetzt mit dem Gestreite. Als wenn Essen so wichtig wäre. Da ist grad etwas ganz Wunderbares passiert. Gottes Boten sind zu uns gekommen. Sie haben uns gesagt, dass der Retter geboren wurde.

Elias:
Wisst ihr nicht, was das in der Bibel steht? Einmal wird Gott seinen Retter schicken, und er wird auf den Feldern von Bethlehem geboren. Wisst ihr das nicht? Habt ihr das vergessen?

Samuel:
Der Engel hat auch gesagt, dass wir losgehen sollen und das Kind suchen. Wir finden es in einer Krippe, und es liegt in Windeln. Gottes Retter in einer Futterkrippe? Los, wir gehen und sehen nach.

Jonathan:
Und ich? Denkt ihr daran, dass ich kaum laufen kann? Ich möchte auch mit. Ich möchte auch das Kind in der Krippe sehen. Lasst mich bloß nicht allein hier zurück.

Samuel:
Klar nehmen wir dich mit. Hak dich bei Elias und bei mir unter. Dann geht's zwar etwas langsamer, aber du sollst das Wunder auch sehen.

Die drei gehen los, Jonathan humpelt in der Mitte bei Samuel und Elias eingehakt.

Jona:
Und wir, Amos? Bleiben wir, oder gehen wir mit?

Amos:
Ist doch eh alles Blödsinn. Retter von Gott.

Jona:
Retter hin, Retter her! Hunger hab ich immer noch!

Amos:
Aber es ist doch vielleicht ne Abwechslung. Komm, wir gehen doch hinterher. Sonst verpassen wir noch was.

Jona:
Und die Schafe?

Amos:
Ach, die werden schon allein zurechtkommen. Du lässt sie ja oft genug allein, wenn du heimlich ins Wirtshaus gehst *(beide gehen hinterher)*.

6. Szene:

Am Stall: Maria, Joseph und das Kind schlafen. Die Engel kommen und stellen sich rings um den Stall auf. Sie singen gemeinsam:

Alle Engel:
(singen)
Vom Himmel hoch, da komm ich her,
ich bring euch gute neue Mär,

der guten Mär bring ich so viel
davon ich singn und sagen will.

Euch ist ein Kindlein heut gebor'n
von einer Jungfrau auserkorn.
Ein Kindelein so zart und fein,
das soll eur Freud und Wonne sein.

Maria und Joseph werden wach und reiben sich verwundert die Augen.

Maria:
Was ist los? Träum ich?

Joseph:
Still, Maria, du träumst nicht. Alles ist so, wie Gott es gesagt hat. Dieses Kind ist nicht nur unser Kind, es ist Gottes Kind. Unser Jesus ist der Retter von Gott. Darum sind die Engel gekommen. Lass uns still sein und abwarten, was geschieht.

7. Szene

Die Hirten erreichen den Stall.

Jonathan:
Da ist es endlich. Weit wäre ich auch nicht mehr gekommen.

Samuel:
Schaut, seht ihr all das Licht?

Elias:
Hört ihr die Stimmen?

Jonathan:
Dort ist es. Dort ist etwas ganz Wunderbares geschehen. Lasst uns hineingehen.

Die Hirten betreten den Stall.

Joseph:
Kommt herein, seid uns herzlich willkommen!

Elias:
Aber wir stinken, und wir haben keine Geschenke.

Samuel:
Wir sind Hirten. Alle Menschen verachten uns.

Joseph:
Wenn Gott euch als Gäste zu uns schickt, dann seid ihr willkommen.
Jonathan:
Gottes Engel haben uns zu euch geschickt. Sie haben uns gesagt, dass euer Kind der Retter der Welt ist. Da mussten wir doch einfach kommen. Wir mussten nachschauen, ob das alles wahr ist. Viele von uns Hirten sagen: Die Wahrheit ist: Gott hat uns vergessen. Aber wenn euer Kind der Retter ist, dann ist die Wahrheit anders. Wenn euer Kind der Retter ist, dann liebt Gott uns Menschen über alles. Auch uns einfache Menschen. Auch uns Hirten.

Joseph:
Die Wahrheit ist: Gott liebt uns über alles. Er hat uns nicht vergessen und wird uns nicht vergessen. Darum ist er in unserem Kind Mensch geworden.

Jonathan setzt sich.

Samuel:
Jonathans Fuß schmerzt so stark. Ihm ist heute ein Holzknüppel darauf gefallen. Aber er wollte doch mitkommen.

Joseph:
Warte Jonathan, ich habe Wasser für dich zum Kühlen

Joseph reicht Samuel eine Schüssel mit Wasser. Jonathans kühlt den Fuß im Wasser.

Jonathan:
Ahh, das tut gut ... Ich weiß nicht, ob ich mit meinem Fuß zu den Schafen zurückkomme. Das pocht da drin vor Schmerzen. Und wenn ich mich stoße, muss ich heulen. Aber ich danke Gott dafür, dass ich hier bin. Ich danke Gott dafür, dass ich das Wunder sehen darf.

Lied

8. Szene:

Die drei Könige kommen aus dem Hintergrund. Sie halten Geschenke in ihren Händen. Sie sind königlich gekleidet.

1. König:
Seht, dort steht der Stern ganz still. Dort muss das Königskind sein.

2. König:
Herodes wusste nichts davon. Und er tat so scheinheilig. Der Mann hat gelogen.

1. König:
Wenn wir nicht Könige wären, könnten wir sagen: So ein Drecksack.

2. König:
Ich bitte dich ... Du bist ein König.

3. König:
Gott geht andere Wege als die Menschen. Warum muss der neue König in einem Palast geboren werden. Warum nicht in einem Stall? Die Wahrheit ist oft ganz anders als wir denken.

1. König:
Die Wahrheit ist, dass Gott nicht nach Geld oder Gut schaut. Nur die Herzen der Menschen sind Gott wichtig.

2. König:
Und darum lässt er sein Kind lieber bei einfachen und ehrlichen Menschen auf die Welt kommen als bei diesem verlogenen König Herodes.

1. König:
Diesem Drecksack.

2. König:
Mäßige dich, wir sind da. Benimm dich wieder.

3. König:
Dort ist der Stall. Kommt, wir gehen herein!

Die Könige betreten den Stall.

1. König:
Kein Gold! Kein Silber! Aber die Engel Gottes sind hier.

2. König:
Und aufrichtige, ehrliche Menschen. Menschen voller Freude und Glück.

3. König:
Hier sind wir richtig. Hierher hat der Stern uns gewiesen.

Die Könige geben ihre Geschenke ab und knien vor dem Kind nieder.

Amos:
Ich fasse es nicht: Könige, und sie jagen uns nicht mit Fußtritten weg. Ich könnte sie fast anfassen, so nahe sind sie mir. Ich fasse es wirklich nicht.

Jona:
Vielleicht hat unser Träumer Jonathan doch nicht so unrecht. Irgendwas hat sich diese Nacht verändert.

Amos:
Jetzt fängst du auch noch so an. Aber irgendwie, auch ich spüre ganz viel Freude und ganz viel Liebe.

Jona:
Lass uns hören und schauen!

Amos:
Und wir tragen Jonathan nachher zurück. Wir sind stärker als Samuel und Elias. Und sie haben ihn schon die ganze lange Zeit geschleppt.

Lied

<u>9. Szene:</u>
Die Engel gehen, auch die Könige gehen weg vom Stall. Nur Maria, Joseph und die Hirten sind noch da.

Joseph:
Danke, dass ihr da wart. Es war gut, liebe Menschen zu Besuch zu haben.

Samuel:
Die Engel haben uns von dem Wunder erzählt, und wir wollten mit eigenen Augen sehen, was geschehen ist.

Jonathan:
Wir wollten im Herzen spüren, dass es wahr ist: Gott ist Mensch geworden, hier bei uns, bei den Hirten von Bethlehem.

Elias:
Ich bin so froh. Ich habe das Gefühl, Gott hat in dieser Heiligen Nacht alles neu gemacht. Kommt, lasst uns gehen und allen Menschen von diesem Wunder erzählen.

Ruben:
Und ich hab schon geglaubt, es würde nie mehr besser.

Simeon:
Wie gut, dass wir nicht zu Waffen und zur Gewalt gegriffen haben.

Amos:
Aber wir bleiben doch arm. Wir bleiben doch Hirten. Wie kann sich da alles geändert haben?

Jona:
Und wir haben auch weiter Hunger und Durst und Frost in den Knochen. Wie kann da alles neu geworden sein?

Samuel:
Äußerlich hat sich nichts geändert. Sicher. Aber denkt doch mal: Gott hat sich uns auserwählt, uns Hirten. Er ist eben nicht in einem Palast geboren worden, sondern in einem Stall.

Jonathan:
Das bedeutet, dass Gott gerade die einfachen Menschen nicht vergisst. Die Armen, die Kranken, die Traurigen, die Zurückgesetzten, alle, die viele Sorgen haben.

Elias:
Mein Herz ist jetzt so voll Freude. Die Wahrheit ist anders. Die Wahrheit ist nicht: Gott hat uns vergessen.

Jonathan:
Die Wahrheit ist: Gott liebt uns.

Amos:
Dann lasst uns allen Menschen von dieser Wahrheit erzählen. Alle sollen wissen: Gott hat uns froh gemacht.

Elias:
Alle sollen wissen: Unser Herz ist voller Freude. Gott hat uns seinen Retter geschickt.

<u>10. Szene:</u>

Alle Hirten gehen los. Amos und Elias stützen Jonathan. Sie gehen durch die ganze Kirche und sagen in jeder Reihe:

Hirten:
Unser Herz ist voller Freude. Gott hat uns seinen Retter geschickt.

„Jesaja heute"
Ein Krippenspiel von Pfarrer Michael Binnenhey

1.Szene

Ein Mann in einem langen, sackähnlichen Gewand betritt den Raum. Er geht barfuß und stützt sich auf einen Stock. Ein Kind aus der Gegenwart begegnet ihm.

1.Kind: Hallo, wer bist du denn? Du siehst aber komisch aus. Mitten im Winter auf bloßen Füßen ... und was für einen komischen Sack du da anhast ...

Jesaja: Ich bin der Prophet Jesaja.

1.Kind: Wer bist du? Den Namen habe ich ja noch nie gehört. Jesaja?

Jesaja: Ich bin der Prophet Jesaja aus der Bibel, aus dem Alten Testament.

1.Kind: Ist das sowas wie Fantasy? Find ich toll. Wo kommst du denn her? Was machst du denn hier bei uns in der Stadt? Warum trägst du so komische Sachen?

Jesaja: Diese arme Kleidung trage ich, damit die Menschen wissen: Ohne Gott sind wir arm. Barfuß bin ich, um die Kälte ihrer Herzen an meinen Füßen zu spüren. Hier bin ich, weil ich dachte, ich hätte eine wichtige Botschaft für euch. Ich wollte euch sagen: „Das Volk, das im Finstern wandelt, sieht ein großes Licht, und über denen, die da wohnen im finstern Lande, scheint es hell!" Aber wenn ich mich hier so umsehe: Die Straßen sind beleuchtet, in den Häusern sieht man Bäume mit Kerzen, ihr seid doch alle glücklich und zufrieden, ihr habt es doch hell. Jedenfalls sieht es für mich so aus.

1.Kind: Kommst du mit mir nach Hause? Wir haben es gemütlich, und Du kannst mir mehr aus deiner Fantasy-Welt erzählen. Ich hab auch alle Game of Thrones Folgen gesehen.

Jesaja: Ich bin keine Fantasy Figur. Mich hat es vor fast 3.000 Jahren wirklich gegeben. Eigentlich soll ich den Menschen etwas Wichtiges sagen. Ich soll ihnen sagen, dass ihr Retter geboren wird. Aber nun weiß ich gar nicht ... ach, komm, ich gehe einfach mit dir.

2. Szene

Ein Kind mit Schultasche begegnet den beiden. Es wirkt ängstlich.

Jesaja: Hallo, wer bist du denn?

Das Kind läuft ängstlich weiter.

Jesaja: Hallo, nun bleib' doch stehen. Ich tue dir nichts, warum hast du denn solche Angst.

2.Kind: Ach weißt du, du komischer Mann, mir geht's gar nicht gut. Jeden Tag muss ich in die Schule. Und jeden Tag verkloppen die anderen Kinder mich. Überall habe ich blaue Flecken. Sie treten mir vor die Schienbeine, sie boxen mich in den Bauch, sie stoßen mich in die Pfützen. Sogar die Schuhe haben sie mir schon mal geklaut. Ich will nicht gar mehr in die Schule ... manchmal lauern sie mir auf dem Schulweg auf. Ich hab solche Angst. Keiner will mir helfen. Auch die Lehrer nicht. Alle schauen zu und lachen mich aus.

Jesaja: *(drückt das Kind an sich)* Ich kann dich gut verstehen. Die Angst macht dich krank. Und je mehr Angst du zeigst, umso mehr ärgern dich die anderen.

2.Kind: Einmal hab ich geweint. Da war es am allerschlimmsten. Ich kam mir so klein und so elend vor ...

Jesaja: Komm mit mir, ich möchte dir gleich etwas ganz Wichtiges erzählen.

3. Szene

Die drei gehen weiter. Ein reiches, gut gekleidetes Kind mit Spielzeug in der Hand begegnet ihnen.

3.Kind: Seht mal, das alles habe ich geschenkt bekommen. Obwohl erst morgen Weihnachten ist. Und noch viel mehr habe ich zuhause. Eine Play-Station, ein neues Notebook, ein IPhone und haufenweise Geld. Toll, was?

Jesaja: Und warum läufst du dann abends durch die Stadt und bist nicht bei deiner Familie?

3.Kind: Ach, da ist es nicht gemütlich. Die haben sowieso keine Zeit für mich. Meine Eltern arbeiten immer. Statt dessen bekomme ich ja so tolle Spielsachen.

Jesaja: Und damit bist du wirklich glücklich?

3.Kind: *(schaut traurig)* Nein, nicht wirklich. Manchmal wäre es mir lieber, meine Eltern würden mal mir reden, mit mir spielen oder mich einfach mal in den Arm nehmen.

Jesaja: Auch du kannst mit mir kommen. Auch dir will ich gleich etwas erzählen.

4. Szene

Ein Kind steht da und weint.

Jesaja: Du, warum weinst du? Hier ist doch alles so hell und so schön! Warum freust du dich nicht?

4.Kind: *(schluchzt)* Weil ... weil mein Papa weg ist. ... Im Sommer ist er ausgezogen. Jetzt sind wir mit Mama allein ... Mama ist lieb ... aber ... aber ich möchte so sehr, dass mein Papa wiederkommt! Wenigstens Weihnachten soll einmal alles wie früher sein.

Jesaja: Früher war es schöner?

4.Kind: Bevor sie immer Streit hatten. Zum Schluss war's nicht mehr schön. Da hab ich auch schon viel geweint. Und trotzdem: Wenigstens Weihnachten soll Papa kommen.

Jesaja: *(drückt das Kind an sich)* Komm mit mir. Vielleicht kann ich auch dir ein bisschen helfen.

5. Szene

Ein Kind läuft lustlos über die Straße und kickt mit einer Coladose.

Jesaja: He, mach nicht solchen Lärm. Man hört die schönen Lieder ja gar nicht mehr. Was ist los mit dir?

5.Kind: Ach, das doofe Weihnachten. Und das alles nur, weil mein Vater seine Arbeit verloren hat. Statt Geschenke nur Gemecker. Kein Geld mehr. Und was sag ich meinen Kumpels? Ich hätte lieber gar kein Weihnachten gehabt.

Jesaja: Wieso gibt es Weihnachten eigentlich Geschenke?

5.Kind: Weiß ich auch nicht. Ist halt so. Alle meine Freunde kriegen tolle Sachen, und ich geh wieder leer aus. Ich schäm mich so.

Jesaja: Eine komische Welt habt ihr. So hell und schön und doch so trostlos. Und Geld und Geschenke scheinen euch sehr wichtig zu sein. Komm auch du mit mir, ich will dir was erzählen.

6. Szene

Ein Kind im Schlafanzug, Bademantel, barfuß in Pantoffeln steht da.

Jesaja: Was machst du denn hier? Du siehst krank aus. Ich glaube, du gehörst besser ins Bett.

6.Kind: Ach, Fremder, im Bett bin ich ja meistens. Ich bin schon so lange krank und weiß nicht, ob ich noch einmal gesund werde. Mein Blut ist krank, sagen meine Eltern. Und obwohl sie immer fröhlich sind, spüre ich deutlich, dass sie sich große Sorgen um mich machen.

Jesaja: Das ist schlimm. Ich kann dich auch nicht gesund machen.

6.Kind: Ich möchte manchmal einfach nur die Wahrheit wissen. Von meinen Eltern und den Ärzten. Aber keiner sagt sie mir.

Jesaja: Das ist auch sehr schwer und kann so weh tun. Aber ich kann dich verstehen. Menschen, die uns lieben, brauchen uns nichts vorzuspielen. Das spüren wir, und es macht uns traurig. Aber komm auch du mit mir. Ich will auch dir von dem großen Licht erzählen.

Lied

7. Szene

In der Mitte steht die Krippe von Bethlehem.

Jesaja: Ich habe es auf dem Weg durch euren Ort deutlich gemerkt. Die Welt ist heute noch genauso finster wie vor 2.700 Jahren, als ich gelebt habe. Auch wenn bei euch überall elektrisches Licht ist. Viele Menschen sind immer noch einsam, traurig, arm und ohne Hoffnung. Dabei gibt es doch schon das wahre Licht. Das lebendige Licht. Das Licht des Lebens. „Das Volk, das im Finstern wandelt, sieht ein großes Licht, und über denen, die da wohnen im finstern Lande, scheint es hell."
Immer wieder haben die Propheten von dem Retter erzählt. Von dem Messias, der den Menschen das Licht bringen soll. Auch ich habe immer wieder gesagt: Gott wird euch erlösen. Gott lässt euch nicht im Finstern sitzen.
Und dann, ja dann wurde das Kind vor 2.000 Jahren auch wirklich geboren. Der Kaiser Augustus in Rom machte gerade eine Volkszählung. Alle Menschen mussten in ihre Heimatstadt gehen. Auch Maria und Joseph mussten darum von Nazareth nach Bethlehem wandern. Viele Tage waren sie unterwegs.
(Maria und Joseph kommen währenddessen durch den Mittelgang nach vorn. Joseph stützt Maria.)
Maria konnte fast nicht mehr laufen. Sie war schwanger. Und nun hört, wie es ihnen gegangen ist:

Maria: Joseph, ich kann nicht mehr. Dort ist ein Wirtshaus. Frag nach einem Bett für die Nacht.

Joseph: *(klopft)* Herr Wirt, habt ihr ein Bett für mich und meine Frau. Meine Frau bekommt bald ihr Kind.

1.Wirt: Ha, sicher könnt ihr nicht zahlen. Außerdem ist alles belegt. Schert euch weg.

Maria: Joseph, versuch es dort, ich kann nicht mehr.

Joseph: *(klopft)* Herr Wirt, habt Erbarmen! Meine Frau bekommt bald ihr Kind. Sie braucht ein Bett.

2.Wirt: Lumpengesindel! Alles belegt! Bei mir kommen nur reiche Leute unter.

Maria: Joseph, ich weiß nicht mehr weiter. *(Sie setzt sich auf den Boden)* Wenn wir nicht bald ein Bett finden, kommt unser Kind auf der Straße zur Welt.

Joseph: Dort ist noch ein Wirtshaus. Ich will es noch einmal versuchen. *(Joseph klopft an.)* Herr Wirt, habt ihr ein Bett für meine schwangere Frau? Das Kind kommt bald!

3. Wirt: Leider nicht, aber ich habe einen Stall. Dort könnt ihr bleiben! Wartet, ich bringe euch hin.

Joseph und der Wirt stützen Maria. Alle gehen zum Stall. Maria und Joseph setzen sich. Während des folgenden Liedes wird das Kind geboren.

Lied

8. Szene

Einige Hirten sitzen auf der anderen Seite neben dem Stall. Plötzlich wird es hell, und die Hirten springen erschreckt auf.

1.Hirte: Was ist los? Hilfe, ich kann nichts mehr sehen!

2.Hirte: Seid doch mal still. Irgend etwas ist da passiert. Etwas, das ich noch nicht verstehe.

3.Hirte: Schaut, da in dem hellen Licht ist ein Engel!

Engel: Fürchtet euch nicht! Siehe, ich verkündige euch große Freude, die allem Volk widerfahren wird; denn euch ist heute der Heiland geboren, welcher ist Christus, der Herr, in der Stadt Davids. Und das habt zum Zeichen: ihr werdet finden das Kind in Windeln gewickelt und in einer Krippe liegen.

2.Hirte: Da sind ja noch viel mehr Engel! Wo kommen die alle her? Was hat Gott vor mit uns?

Alle Engel:
Ehre sei Gott in der Höhe und Friede auf Erden bei den Menschen seines Wohlgefallens.

Die Engel stellen sich hinter den Stall, bei den Hirten wird es wieder dunkel.

1.Hirte: Was sollen wir jetzt tun?

2.Hirte: Kneif mich doch mal, ich glaub', ich träume.

3.Hirte: Ich glaube, wir sollen einen Stall suchen. Ich glaube, dort ist der Messias geboren. Gott ist Mensch geworden, um uns zu erlösen.

1.Hirte: Und das erfahren wir zuerst? Wir sind doch ganz arme Leute. Uns gehört nichts, und wir haben auch gar keine Geschenke für das Kind. Gott muss sich geirrt haben.

2.Hirte: Ach kommt, wir gehen. Und wir nehmen einfach mit, was wir haben: Ein weiches Fell, ein bisschen Milch und etwas Brot und Käse.

3.Hirte: Gott kommt zu den einfachen Menschen. Zu den Kranken, zu den Einsamen, zu den Traurigen. Alle sollen sich freuen. Alle sollen wissen: Gott hat uns lieb.

Die Hirten gehen zum Stall. Sie geben Maria und Joseph ihre Geschenke und knien sich nieder.

9. Szene

Die drei Könige kommen durch den Mittelgang.

1.König: Die Reise hat sich doch gelohnt. Da ist der Stern wieder, ich sehe ihn ganz deutlich.

2.König: Es ist ein Königsstern. Wir werden einen neuen König finden, einen König, der die Menschen liebt.

3.König: Kommt, wir wollen keine Zeit verlieren.

Die drei Könige nähern sich dem Stall.

1.König Ein König in einem Stall? Mit Hirten und Schafen? So etwas habe ich noch nie gesehen. Hoffentlich sind wir hier richtig.

2.König: Ein König, der die einfachen Menschen liebt, muss bei den Menschen sein. Ein Gott, der die Menschen liebt, muss bei den Menschen wohnen. Ich spüre es, hier sind wir richtig.

3.König: Der Stern steht ja auch genau über dem Stall.

Die Könige gehen in den Stall. Auch sie geben ihre Geschenke ab und knien nieder vor dem Kind.
Dann gehen alle ab.

Lied

10. Szene

Jesaja und die Kinder stehen vorn.

Jesaja: Wisst ihr nun, was ich meine? Das Licht des Lebens ist wirklich da, das große und wahre Licht. Weihnachten ist Gott Mensch geworden. Wir müssen nur unsere Herzen öffnen, dann können wir das Licht sehen.

2.Kind: Und wie hilft dieses Licht uns Kindern und allen Menschen?

Jesaja: Das Licht gibt uns Hoffnung für unser Leben: Wir dürfen wissen, dass wir nicht allein sind. Das Licht gibt uns Freude. Das Licht gibt uns Helligkeit. Das Kind in der Krippe, Jesus Christus, hilft uns in allen schweren Situationen unseres Lebens. Was uns auch passiert: Wir dürfen wissen, dass Jesus da ist und dass er uns weiterhilft. Jesus Christus dürfen wir immer vertrauen.
Und noch etwas lehrt das Kind uns: Geld und Geschenke sind nicht das Wichtigste im Leben. Wichtiger ist, dass die Menschen einander lieben. Wichtiger ist, dass die Menschen sich nicht gegenseitig verachten oder schlecht machen.

4.Kind: Dann muss sich bei uns aber viel ändern.

Jesaja: Ich weiß. Darum bin ich ja auch hier. Darum sage ich auch heute noch zu euch meine alte Botschaft:
„Das Volk, das im Finstern wandelt, sieht ein großes Licht, und über denen, die da wohnen im finstern Lande, scheint es hell!“

Und dann könnt ihr alle zur Krippe schauen. Dann könnt ihr die Liebe des Kindes spüren und euer Leben ändern.

1.Kind: Das ist aber schwer. Wir leben in so vielen Gewohnheiten.

2.Kind: Glaubst du wirklich, die anderen schlagen mich in der Schule nicht mehr, nur weil Weihnachten war?

3.Kind: Glaubst du, meine Eltern nehmen sich Zeit für mich, weil da ein Baby in einer Krippe liegt.

4.Kind: Das Kind zaubert meinen Papa auch nicht unter den Christbaum.

5.Kind: Und mir bringt es keine Geschenke. Aber ich habe was begriffen: Wichtiger als die Geschenke ist, dass das Kind in der Krippe uns liebt.

6.Kind: Und in dieser Liebe sind wir geborgen. Sie ist wahr, auch wenn um uns herum alles gelogen ist.

Jesaja: Erwartet von dem Kind, erwartet von Jesus keine Wunder. Aber vertraut darauf, dass Jesus in seiner Liebe bei euch ist. Dann wisst ihr: Was auch geschieht: Wir sind nicht allein. Gott hat uns lieb. Das ist die Botschaft von Weihnachten: Gott hat uns alle wirklich lieb. Und nun geht nach Hause. Und auch ich gehe wieder. Ich habe meine Pflicht getan und meine Botschaft in viele Herzen ausgestreut. Haltet sie ganz fest. Nicht nur heute, sondern jeden Tag eures Lebens.

Alle gehen während des nächsten Liedes ab.

"Das Weihnachtsspiel"
Ein Krippenspiel von Pfarrer Michael Binnenhey.

Szene 1:

7 Kinder spielen auf dem Dachboden eines Hauses. Es liegt viel Gerümpel herum.

Luca: Einen tollen Dachboden habt ihr. So viele alte Sachen. Wir können uns verkleiden und Pirat spielen.

Svenja: Oder Krankenhaus. Ich bin die Ärztin und operiere euch alle.

Niklas: Oder Monster, da brauchen wir nur noch euer Ketchup aus der Küche.

Lena: Nee, wir spielen doch lieber wieder Pirat und machen Lissi ein tolles Holzbein.

Lissi: Quatsch, wir foltern Lena und kitzeln sie, bis sie uns verrät, wo sie letztes Mal den Piratenschatz versteckt hat. *(Gehen auf Lena zu als wollten sie kitzeln)*

Lena: Iiiiihhh, nicht, Hilfe!!!!! Der Schatz ist jetzt eh vergammelt! Das war Schokolade! Lasst mich!

Jule: Ach, ich weiß nicht. Gibt's nicht noch ein ganz anderes Spiel, wo man sich auch verkleiden kann und Spaß haben kann. Ich hab keine Lust, mir schon wieder von Svenja den Blinddarm herausnehmen zu lassen. Und die ewige Kitzelei und die Schreierei von Lena sind auch nicht mehr lustig.

Lisa: Ja, wie wär's denn, wenn wir Weihnachten spielen würden. Es ist schließlich Advent.

Alle: Au ja, wir spielen Weihnachten.

Luca: Aber wer von euch kennt denn die Geschichte von Weihnachten? Ich weiß nur, dass man sich Weihnachten viel schenkt.

Lissi: Wir kitzeln Lena ganz doll an den Füßen, bis sie uns allen was Tolles schenkt und ... und wir stellen das ganze bei Tik-Tok online

Lena: Ruhe jetzt, ich kann's nicht mehr hören! Was Weihnachten ist, sagen sie bestimmt bei Wikipedia.

Jule: Wir haben ein Märchenbuch. Vielleicht steht da was über Weihnachten drin.

Lisa: Quatsch, ihr geht ja auch alle nicht zum Kindergottesdienst. Die Weihnachtsgeschichte steht doch in der Bibel. *(Geht und holt die Bibel)*

Szene 2:

Lisa: Wartet mal, ich lese Euch vor, was da drin steht:
"Es begab sich aber zu der Zeit, dass ein Gebot von dem Kaiser Augustus ausging, dass alle Welt geschätzt würde. Und diese Schätzung war die allererste und geschah zur Zeit, da Quirinius Statthalter in Syrien war."

Niklas: Wir brauchen also den Kaiser Augustus. Der war ein starker Typ mit viel Macht. Herrscher eines Weltreiches. Ich möchte Augustus sein. Helft mit beim Verkleiden und baut mir einen Thron.
(Der Kaiser Augustus bekommt ein langes rotes Gewand und eine Krone. Ein Sessel wird als Thron herangeholt.)

Lisa: Du siehst stark aus. Jetzt setz dich auf deinen Thron und herrsche!

(Augustus setzt sich auf den Thron, der hinter dem Altar leicht erhöht steht.)

Szene 3:

Lisa: Hört zu, ich lese weiter vor:
"Und jedermann ging, dass er sich schätzen ließe, ein jeder in seine Stadt. Da machte sich auf auch Josef aus Galiläa, aus der Stadt Nazareth, in das jüdische Land zur Stadt Davids, die da heißt Bethlehem, weil er aus dem Hause und Geschlechte Davids war, damit er sich schätzen ließe mit Maria, seinem vertrauten Weibe; die war schwanger."

Jule: Ich bin die Maria. Gebt mir ein weißes Gewand. Ich möchte wie eine Königin aussehen.

Lisa: Ne, ne, das kommt nicht hin. Maria war ein einfaches Mädchen vom Land. Die hatte höchstens ein buntes Stoffgewand an.
(Maria wird mit einem bunten Stoffgewand verkleidet.)
So ist es schon besser.

Lissi: Irgendwas stimmt noch nicht an dir. Zieh mal deine Schuhe und deine Socken aus. So etwas gab es damals auch noch nicht.
(Maria steht barfuß da.)

Lisa: So gefällst du mir. Das sieht echt aus.

Jule: Na ja, irgendwie hatte ich mir das anders vorgestellt. *(flirtet)* Luca, willst du denn wenigstens mein lieber Joseph sein?

Luca: *(ist verlegen)* Also, Lust hab ich nicht. Nur ohne Händchenhalten. Außerdem, welche Wahl habe ich schon. Entweder bin ich dein Joseph oder Svenja will mich operieren.

Lisa: Joseph war Zimmermann. Der trug einen Kittel und Sandalen. Und einen großen Hut. Und Socken hatte der auch nicht.
(Joseph wird entsprechend umgezogen.)

Lena: Das sieht schon ganz gut aus. Und ihr braucht euch auch gar nicht so verliebt anzuschauen. Hinter euch liegt der weite Fußweg von Nazareth nach Bethlehem.

Maria: Was sollen wir denn jetzt weiter tun?

Joseph: Einfach hier stehen und gucken?

Lisa: Tut einfach, was ich euch vorlese:
"Und als sie dort waren, kam die Zeit, dass sie gebären sollte. Und sie gebar ihren ersten Sohn und wickelte ihn in Windeln und legte ihn in eine Krippe; denn sie hatten sonst keinen Raum in der Herberge."

(Maria und Joseph holen sich die Krippe, legen eine Puppe hinein und setzen sich dazu.)

Szene 4:

Svenja: Und ich, was wird aus mir? Eine wunderschöne reiche Ärztin könnte ich sein, wenn wir Krankenhaus gespielt hätten.

Lisa: Wart ab. Allerdings, eine reiche Ärztin wirst du jetzt nicht. Eher ein armer Schlucker, der obendrein nicht so besonders gut riecht.
Aber hör mir erst mal weiter zu:
"Und es waren Hirten in derselben Gegend auf dem Felde bei den Hürden, die hüteten des Nachts ihre Herde."

Svenja: Bah, Hirtenmädchen soll ich sein? Das könnte dir so passen. Wie sehe ich denn dann aus? Und stinken soll ich wohl auch noch ... *(überlegt eine Zeit)* Aber andersherum: Vielleicht macht's ja auch Spaß. Ist mal was ganz anderes als Ärztin. *(Zieht sich Schuhe und Strümpfe aus und einen Hirtenkittel an)* Aber allein möchte ich nicht bleiben.

Lissi: Irgendwie siehst du süß aus. Ich glaub, ich werde auch Hirte. Das ist fast so lustig wie Pirat mit Holzbein. Muss ich auch Schuhe und Socken ausziehen?

Lena: Na klar, und ich mache auch mit. Hirte ist mal was ganz anderes *(zieht sich Schuhe und Socken aus und ein Hirtengewand an)* Wenn ich jetzt noch stinken würde, dann wär`s richtig echt.

Svenja: Ein bisschen weniger echt reicht mir dann auch.

Jule: Kommt, wir holen uns noch Hirten dazu.

(Geht in den Mittelgang. Die Hirten kommen ähnlich verkleidet dazu. Sie gehen nach vorn und hocken sich ein Stück abseits vom Stall hin.)

Szene 5:

Lisa: Nanu, jetzt bin ich allein. Und was soll ich jetzt tun?

Pastor: Warte, ich helfe dir. Jetzt lese ich mal weiter.
"Und der Engel des Herrn trat zu ihnen, und die Klarheit des Herrn leuchtete um sie; und sie fürchteten sich sehr."

Du, Lisa, du bist der Engel. Aber auch du kannst nicht allein bleiben. Viele Engel waren damals in Bethlehem dabei.

(Lisa verkleidet sich mit einem weißen Gewand und geht in den Mittelgang und sucht sich Engel. Alle gemeinsam gehen zu den Hirten.)

Lisa: "Fürchtet euch nicht! Siehe, ich verkündige euch große Freude, die allem Volk widerfahren wird; denn euch ist heute der Heiland geboren, welcher ist Christus, der Herr, in der Stadt Davids. Und das habt zum Zeichen: ihr werdet finden das Kind in Windeln gewickelt und in einer Krippe liegen."

Alle Engel: "Ehre sei Gott in der Höhe und Friede auf Erden bei den Menschen seines Wohlgefallens."

Svenja: Die Engel meinen uns. Wir sollen zum Stall und zur Krippe gehen.

Lissi: Sind die Hirten damals gegangen?

Lena: Ich glaube schon.

Svenja: Na komm, dann gehen wir auch. Mal sehen, was uns erwartet.

Lissi: Wir haben nackte Füße. Wir sind schmutzig. Kann man so zu Jesus gehen? Ich glaub, in die Kirche gehen die Leute immer ganz chic.

Lena: Die Hirten damals werden wohl keine Wechselklamotten auf den Feldern gehabt haben.

Svenja: Vielleicht ist Jesus das ja auch ganz egal. Erstens ist er noch ein Baby und zweitens sind auch seine Eltern nicht gerade vornehm.

Lissi: Ok, dann mal los, sonst kommen wir noch zu spät.

(Alle Hirten gehen gemeinsam zur Krippe und hocken sich darum.)

Lied

Szene 6:

(Augustus kommt von seinem Thron.)

Niklas: Toll, so ein Weihnachtsspiel. Auch wenn ich mir meine Rolle erst ganz anders vorgestellt hatte. Aber die Krippe sieht richtig echt aus.

Svenja: *(kommt einen Schritt vor)* Sogar das Hirtenleben ist ganz schön. Wir spielen öfter Weihnachten. Aber jetzt habe ich erst einmal Hunger und Durst.

Jule: *(kommt mit Joseph auch vor)* Ich auch. Und Joseph auch. Los wir ziehen uns wieder um und gehen runter.

Lisa: Ok, aber Weihnachten spielen wir wirklich noch mal öfter. Irgendwie tut es gut, ich weiß gar nicht warum.

Jule: Ja, irgendwie ist die Stimmung jetzt bei mir ganz anders.

Svenja: Es wird einem warm ums Herz, auch wenn man erst gar nicht will.

Luca: Alles war irgendwie feierlich. Sogar mit Jule als Maria.

Lissi: Schon komisch. In die Schule würde ich nie mit alten Klamotten gehen. Was denken wie anderen dann von mir.

Lena: Oder barfuß, igitt. Alle würden über meine Zehen lachen.

Svenja: Aber jetzt im Spiel war das egal. Irgendwie eigenartig.

Lisa: Jesus war das auch in Wirklichkeit egal. Er hat nie auf Kleidung geachtet und er ist selbst barfuß auf einem Esel geritten. Jesus beurteilte Menschen nicht nach ihrem Äußeren. Er wollte ihre Herzen. Und ein gutes Herz haben kann jeder Mensch, ganz gleich, wie er aussieht.

Szene 7:

Pastor: Halt, stopp! Alles zurück auf die Plätze! Ihr könnt noch nicht aufhören. Schaut mal, was da hinten am Eingang passiert.

*(Alle gehen zurück auf ihre Plätze an der Krippe.
Von hinten kommen drei prächtig geschmückte Könige.)*

Caspar: Das hätte ich nicht gedacht. Dass wir das Königskind noch finden. So lange haben wir gesucht. Aber ich sehe den Stall und die Krippe.

Melchior: Und der Stern ist auch da, und er leuchtet weit und hell.

Balthasar: Wir müssen hingehen. Dort ist der neue König, der Retter der Welt.

(Gehen nach vorn zur Krippe, knien nieder und geben ihre Geschenke ab.)

Szene 8:

Lisa: *(tritt vor zu den Königen)* Das kann nicht wahr sein. Die echten Könige aus dem Morgenland. Und dabei spielen wir doch nur Weihnachten im Jahr NN in NN. Wie kommen denn die echten Könige hierher? Was soll das alles nur bedeuten?

Caspar: Du hast recht Lisa. Wir sind die echten Könige. Wir sind Caspar, Melchior und Balthasar. Und der Stern hat uns hierher geführt.

Melchior: Aber du hast auch Unrecht, Lisa. Weihnachten kann man nicht spielen. Weihnachten kann man nur leben. Darum bist du nicht mehr Lisa, sondern der Engel, und ihr alle seid wirklich Augustus, Maria und Joseph und Hirten und Engel. Darum sind auch wir hier.

Balthasar: So ist das: Immer, wenn Menschen nicht nur Weihnachten feiern, sondern Weihnachten leben, immer wenn Menschen die Krippe nicht nur anschauen, sondern hingehen, dann sind wir da. Dann ist alles wahr.

Caspar: Dann ist das Kind lebendig in den Herzen und so in der ganzen Welt.

Melchior: Dann ist wirklich Friede inmitten von Leid und Not.

Balthasar: Dann brennen unsere Herzen, weil Gott da ist. Dann brennen unsere Herzen, weil Gott lebendig bei uns ist.

Lisa: Kommt, lasst uns Weihnachten leben.

Alle Kinder stellen sich im Kreis um die Krippe und singen den ersten Vers von "Vom Himmel hoch".

Pastor: Und ihr alle in der Gemeinde, kommt mit euren Herzen auch zur Krippe, lebt auch Weihnachten und stimmt mit ein:

Lied

(Lisa, Jule, Luca, Svenja, Lissi, Lena und Niklas treten wieder vor)

Lisa: Vergesst die Krippe nicht, wenn ihr gleich nach Hause geht. Denkt an das Kind, das euch alle liebt.

Jule: Lebt auch Weihnachten. Schenkt einander die Liebe des Kindes weiter.

Luca: Beschenkt euch: Nicht nur mit Geschenken, sondern auch besonders mit Zeit und Freundlichkeit und Frieden.

Svenja: Kommt vom hohen Ross herunter. Spürt, wie klein ihr seid, und wie groß Gott ist. Aber spürt zugleich, dass Gott ganz klein wird und in euer Leben kommt, weil er euch liebt.

Lissi: Schaut nicht auf Äußerlichkeiten. Kleidung ist gar nicht wichtig. Wichtig ist, dass wir ein gutes Herz haben.

Lena: Sucht Gott nicht bei den Mächtigen. Sucht ihn bei den einfachen Menschen. Dort kann man ihn wirklich finden.

Niklas: Herrscht nicht übereinander. Dient und helft einander in der Liebe des Kindes. Dann seid ihr größer und stärker als Augustus.

Lisa: Friede sei mit Euch.

Alle: Friede und Freude seien mit Euch. Frohe Weihnachten.
(Alle Kinder gehen ab auf ihre Plätze.)

Engel sind Boten Gottes
Ein Krippenspiel von Pfarrer Michael Binnenhey

1. Szene

(Im Himmel. Krippe und Stall sind noch dunkel. Der Erzengel Gabriel betritt die Bühne. Er ist barfuß und trägt ein dunkles Gewand.)

Gabriel:

Über 2000 Jahre ist das alles jetzt her. Vor mehr als 2000 Jahren war ich bei Maria, und habe ihr gesagt, dass sie einen Sohn bekommen wird. Vor mehr als 2000 Jahren wurde Jesus auf den Feldern bei Bethlehem geboren. Und Engel haben es den Hirten gesagt. Ich, Gabriel, der Erzengel, war damals selbst dabei. Ich weiß es noch wie heute. Ich weiß es noch. Aber die Menschen da unten auf der Erde? Wissen sie noch, was die Geburt von Jesus bedeutet?
Vielleicht können einige Engel in Erfahrung bringen, was die Menschen auf der Erde noch von der Geburt Jesu wissen. Vier Engel von damals will ich schicken. Sie sollen die Menschen fragen: Was bedeutet Euch Weihnachten?

(5 Engel kommen gelaufen. Sie sind barfuß, tragen weiße Gewänder und Kronen.)

Gabriel:

Da seid ihr ja. Aber wie seht ihr denn aus? Wer hat euch denn so verkleidet? Habt ihr damals in Bethlehem auch so ausgesehen?

1. Engel:

Nein, ach, entschuldige Gabriel, nein, aber weißt du, die Menschen heute wollen uns so sehen.

2.Engel:

Ja, so sind wir Engel überall abgebildet: Auf Marzipan, auf Plätzchendosen, auf Postkarten, so hängen wir in den Weihnachtsbäumen.

3.Engel:

Engel sind heute blonde, rosige kleine Kinder mit goldenen Flügeln und bloßen Füßen. Weißt du das nicht, Gabriel?

4.Engel:

So wollen die Menschen uns haben. Sonst glauben sie nicht, dass wir wirklich Engel sind.

5. Engel:

Ich finde es auch schön, so auszusehen, und es macht mir Spaß, mich so zu verkleiden.

Gabriel:

Aber Engel sind Boten Gottes. Sie können doch nicht so albern herumlaufen. Die Menschen sollen euch nicht süß finden, sie sollen durch Euch Gottes Willen erfahren.

Ich habe einen wichtigen Auftrag für Euch. Ihr alle wart damals dabei in Bethlehem. Jetzt sollt ihr wieder zu den Menschen gehen. Fragt sie, was ihnen die Geburt von Jesus bedeutet. Denkt daran, die Menschen nennen das Fest jetzt Weihnachten. Zieht euch um, geht auf die Erde, und fragt alle Menschen, die ihr seht: „Was bedeutet Ihnen Weihnachten?"

(Gabriel und die Engel gehen ab.)

Lied

2. Szene

(Auf der Erde. Stall und Krippe sind immer noch dunkel. Einer der Engel – jetzt in normaler Alltagskleidung – läuft ziellos durch ein Geschäft und trifft eine Verkäuferin hinter der Ladenkasse.)

Verkäuferin:

Hallo, Du da! Was willst du?

1.Engel:

Entschuldigung, wo bin ich hier?

Verkäuferin:

Blöde Frage. In einem Supermarkt. Hier kannst du dir alles kaufen. Du musst nur Geld genug haben.

1.Engel:

Aber kaufen will ich gar nichts. Ich habe nur eine Frage an dich, Frau. Was bedeutet dir Weihnachten?

Verkäuferin:

Weihnachten? Hör mir damit auf. Seit über einem Monat höre ich rund um die Uhr das blöde Gedudel von Weihnachtsliedern. Arbeiten muss ich rund um die Uhr, meine Füße sind geschwollen und voller Blasen und die Beine tun mir weh. Ich bin froh, wenn ich Heiligabend Feierabend hab. Dann will ich von dem ganzen Quatsch nichts mehr hören. Und am nächsten Tag fahr ich mit meinem Freund eine Woche in den Wintersport.

1.Engel:

Ich kann dich gut verstehen. Aber du tust mir auch leid. Darf ich dich einmal ganz kurz hier wegholen? Niemand wird es merken. Ich will dir mehr von Weihnachten zeigen.

(Die Verkäuferin und der Engel gehen ab.)

3. Szene

(Der zweite Engel begegnet einer alten Frau in einem Altenheimsessel. Sie hat einen Morgenrock an und Pantoffeln an den bloßen Füßen. Die Frau schläft.)

2.Engel:

Hallo, Frau, wo bin ich hier?

Alte Frau: *(schreckt auf)*

Huch, wer bist du? Du musst lauter sprechen. Ich kann schlecht hören.

2.Engel: *(lauter)*

Wo bin ich hier?

Alte Frau:

In einem Altersheim. Komm näher zu mir. Ich bekomme so selten Besuch.

2.Engel:

Darf ich dich etwas fragen, alte Frau? Was bedeutet dir Weihnachten?

Alte Frau:

Früher war Weihnachten schön. Da war ich jung, da waren die Kinder da und später die Enkel. Mein Mann lebte auch noch. Heute mag ich Weihnachten nicht mehr. Ich bin immer allein, und die Stunden vergehen nicht. Sicher, die Schwestern sind nett ... Aber oft bin ich auch traurig und allein.

2.Engel:

Sei nicht traurig. Was habt ihr denn früher gefeiert, als ihr noch alle zusammen wart?

Alte Frau:

Jesus ist geboren, der Retter, der Heiland. Das haben wir gefeiert. Damals war ich voller Freude. Aber heute glaube ich es fast selbst nicht mehr. Sonst wäre ich doch nicht immer so allein und so traurig.

2.Engel:

Komm aus deinem Sessel. Komm mit mir. Keiner wird es merken. Ich will dir zeigen, dass deine Erinnerung wahr ist.

(Engel und Frau gehen ab.)

4. Szene

(Der dritte Engel betritt ein Kinderzimmer. Ein Junge sitzt zwischen seinen Spielsachen.)

3.Engel:

Hallo, wer bist du?

Malte:

Ich heiße Malte. Und dies hier ist mein Kinderzimmer. Heute ist ein doofer Tag. Es ist Weihnachten. Ich warte auf die Bescherung. Und die Zeit geht gar nicht um. Der Tag ist so unendlich lang.

3.Engel:

Warum feierst du Weihnachten?

Malte:

Wegen der Geschenke. Und es gibt tolles Essen. Und alle sind gemütlich zusammen.

3.Engel:

Und sonst? Gibt es sonst noch einen Grund?

Malte:

Mmh, nee, ich weiß nicht ... obwohl, mein Freund Luca, der geht in die Kirche. Der kennt sich da besser aus. Vielleicht kann der dir helfen. Frag ihn doch mal. Aber ich geh nicht in die Kirche. Da ist es, glaube ich, nur langweilig.

3.Engel:

Komm ganz kurz mit mir. Ich will dir etwas zeigen. Du brauchst keine Angst zu haben. Deine Eltern merken nichts, und zur Bescherung bist du auch rechtzeitig zurück. Und es wird auch bestimmt nicht langweilig.

(Malte und der Engel gehen ab.)

5. Szene

(Der 4. Engel geht die Straße entlang, er trifft zwei Hausfrauen, die sich unterhalten. Beide haben Mäntel an und volle Einkaufstaschen neben sich stehen.)

Käthe:

Ach ja Trude, so ist das. Ich hoffe, dass ich endlich alles habe. Jetzt muss ich aber los. Ich muss vor Weihnachten noch einmal alle Fenster putzen.

Trude:

So geht das Käthe. Vor Weihnachten einkaufen, putzen und backen, und dann an den Weihnachtstagen kochen, kochen, kochen. Die Verwandtschaft will schließlich satt werden. Aber danke sagt von denen auch keiner.

Käthe:

Und selbst hat man nichts als Arbeit von Weihnachten. Hinterher kann ich meine Knie nicht mehr bewegen.

4. Engel:

Sagt mal, wovon sprecht ihr eigentlich? Ich glaube, ihr habt vergessen, was Weihnachten wirklich bedeutet! Denkt ihr auch manchmal an das Kind in der Krippe?

Trude:

Richtig, die Krippe muss ich ja auch noch vom Speicher holen und sauber machen!

4. Engel:

Also, ich glaube, da läuft ernstlich was schief. Vergesst Euer Putzen, Backen, Kochen und Einkaufen und kommt mit mir. Ich glaube, ich muss euch die Augen und die Herzen ganz neu öffnen.

6. Szene

(Der 5. Engel kommt in Krankenzimmer. Ein Mädchen hat das Bein dick verbunden und liegt auf Bett. Es spielt mit dem Smartphone.)

Mädchen:

Ach Mist, jetzt habe ich kein Leben mehr. (*Schmeißt das Smartphone auf das Bett.*)

Gabriel:

Musst du sterben? Bist du so krank?

Mädchen:

Quatsch, ich habe nur das Bein gebrochen. Und weil da ne fette Entzündung drin sitzt, komme ich wohl Weihnachten nicht nach Hause. Aber das Bein tut so weh und ich vermisse meine Mama so sehr.

Gabriel:

Und wieso hast du dann kein Leben mehr?

Mädchen:

Das ist so im Spiel auf dem Handy. Aber irgendwie ist es schon wahr. Hier im Krankenhaus ist es total bescheuert.

Gabriel:

Was bedeutet dir Weihnachten?

Mädchen:

Das weiß ich! Ich habe in Reli aufgepasst und spiele sonst auch immer im Krippenspiel mit. Weihnachten feiern wir die Geburt von Jesus. Jesus macht unser Leben neu. Das sagt unser Pastor immer. Aber stimmt das eigentlich?

Gabriel:

Weißt du was, komm kurz mit mir, dann siehst du, dass das alles stimmt mit Jesus.

(Gabriel und das Mädchen gehen ab.)

Lied

7. Szene

(In Bethlehem. Krippe und Stell sind jetzt hell. Maria und Joseph kommen, beide entsprechend verkleidet, Maria in einem einfachen Gewand, Joseph ähnlich. Die Engel und die Menschen stehen seitlich!)

Maria:

Ach Joseph, nun laufen wir schon so lange und ich bin so müde. Hoffentlich finden wir bald einen Platz für die Nacht. Zweimal wurden wir schon weggeschickt. Alle Zimmer waren belegt.

Joseph:

Da vorne ist noch ein Wirtshaus. Warte hier Maria.
(Joseph ist einen Moment weg und kommt dann zurück).
Auch kein Platz. Aber der Wirt hat einen Stall hinten auf den Feldern, da können wir bleiben.

Maria:

Besser als nichts. Eigentlich kann ich das ja nicht glauben, was der Engel Gabriel mir gesagt hat. Unser Kind soll Gottes Kind sein. Das kann ich mir nicht vorstellen. Was will Gott mit unserem Kind?

Joseph:

Das ist schon seltsam. Wieso soll Gottes Kind ausgerechnet uns armen Menschen geschenkt werden? Welchen Plan hat Gott mit uns?

Maria:

Das frage ich mich auch ganz oft. Aber Gott wird wohl wissen, was er tut.

Joseph:

Ganz gewiss, Maria, Gott weiß immer, was gut für uns ist, auch wenn wir es nicht verstehen.

Maria:

Dem Himmel sei Dank! Da ist der Stall, von dem der Wirt gesprochen hat. Weit wäre ich nicht mehr gekommen. Und ich glaube, das Kind wird bald geboren.

Joseph:

Komm, Maria, ruh dich hier aus. Du wirst sehen, alles wird gut. Gott wird für uns sorgen. Gott hat uns hierher geführt, er bleibt auch weiter bei uns.

(Maria und Joseph setzen sich. Das Kind wird geboren.)

Alle übrigen Mitspieler verkleiden sich als Hirten und Engel und singen Stille Nacht, heilige Nacht.

(Maria und Joseph wieder im Stall mit dem Kind in der Krippe.)

Maria:

Hab ich das geträumt, oder haben da wirklich gerade Hirten und Engel gesungen?

Joseph:

Nein, die Hirten und die Engel waren wirklich da und haben so wunderschön gesungen. Alles, was der Engel gesagt hat, stimmt wirklich. Unser Jesus ist Gottes Sohn. Schau, Maria, es geht weiter. Da ist Gabriel.

8. Szene:

(Hirten kommen zum Stall in einfachen, rauen Gewändern. Kurz vor dem Stall bleiben sie stehen.)

1.Hirte:

Tatsächlich, es ist wahr, was der Engel gesagt hat: Da liegt das Kind in der Krippe.

2.Hirte:

Und die Eltern sind dabei, ein Mann und eine Frau.

3.Hirte:

Dann stimmt gewiss auch alles, was der Engel sonst gesagt hat: Dieses Kind ist der Retter der Welt: Jesus von Nazareth. Dieses Kind ist Gottes Kind.

(Die Hirten knien an der Krippe nieder.)

9. Szene:

(Hinten aus der Kirche kommen die drei Könige)

1.König:
Da ist der Stern. Ich sehe ihn ganz deutlich. Wir nähern uns dem Ziel unserer Reise.

2.König:
Ja, der Stern ist dort über dem Stall. Dort muss der neugeborene König sein.

(Gehen zum Stall und sehen sich Maria und Joseph und das Kind an.)

3.König:
Wie sollen uns das die Menschen glauben: Ein König in einem Stall. Da werden sich wohl viele Menschen drüber lustig machen.

1.König:
Aber es ist ganz sicher. Dieses Kind ist der Retter, den Gott in die Welt schickt. Dieses Kind sagt allen Menschen: Gott hat euch lieb. Gott hat euch nicht vergessen. Darum hat er seinen Sohn in die Dunkelheit der Welt geschickt. Gottes Sohn wird es hell machen in euren Herzen und in eurem Leben.

(Könige knien vor dem Kind in der Krippe nieder)

1. Engel: *(tritt dazu)*
Alles wird neu werden. Leid und Schuld zählen nicht mehr. Gottes Liebe kommt in die Welt. Das sage ich als Gottes Bote. Komm, Verkäuferin, und sieh dir das Wunder an.

Verkäuferin: *(kommt zaghaft nach vorn)*
Dann stimmt es doch, was meine Mutter mir früher erzählt hat. Und ich dachte immer, Weihnachten hätten die Kaufleute erfunden, um mehr zu verdienen. Dann stimmt es doch: Weihnachten ist Gott Mensch geworden, um die Menschen zu retten. *(Kniet nieder)*

2.Engel: *(tritt dazu)*
Ja, es stimmt. Alle Menschen können es sehen, alle Menschen dürfen es glauben. Und wer sein Herz öffnet, der kann die Liebe Gottes spüren. Das sage ich als Bote Gottes. Komm, alte Frau, auch du gehörst dazu.

Alte Frau: *(humpelt nach vorn)*

Dass ich das erleben darf! Und es ist kein Märchen, es ist wahr. Jesus ist da, auch bei den Alten und Einsamen und Kranken. Das macht mir das Herz so froh und leicht.

3.Engel: *(tritt dazu)*

Jesus ist geboren. Er ist das wahre Weihnachtsgeschenk. Und wenn die Menschen sich etwas schenken, dann zeigen sie damit nur ihre Freude über das Weihnachtswunder. Weihnachten ist das Fest der Geburt Jesu. Weihnachten ist das Fest unserer Rettung aus Leid und Not und Schuld. Das sage ich euch als Bote Gottes. Komm, Malte, und schau es dir gut an.

Malte: *(Kommt auch dazu)*

Ich kann es noch gar nicht begreifen. Da hat mein Freund Luca doch Recht. Weihnachten hat was mit Kirche zu tun. Weihnachten hat was mit Gott zu tun.

4. Engel: *(tritt dazu)*

Weihnachten müssen nicht alle Fenster geputzt sein. Weihnachten ist auch nicht das Fest des Essens. Weihnachten ist das Fest der Begegnung mit Gott. Das allein ist wichtig. Das sage ich Euch als Bote Gottes. Kommt, ihr Hausfrauen, und schaut es euch an.

(Käthe und Trude kommen dazu)

Trude:

Es ist wahr, und ich hatte es fast vergessen. Alle Vorbereitungen nutzen nichts, wenn wir nicht vorbereitet sind auf das Kind.

Käthe:

Alle Vorbereitungen sind unnütz, wenn unsere Herzen nicht vorbereitet sind auf das Kind in der Krippe.

5. Engel:

Weihnachten ist auch, wenn wir einsam und allein sind. Gott hat die Menschen nicht bestraft. Gott hat die Menschen nicht vergessen. Gott ist da, auch wenn sonst niemand da ist. Seine Liebe ist bei uns. Und in seiner Liebe sind wir alle ganz eng verbunden. Komm, Mädchen, und sieh es dir an.

Mädchen: *(kommt an Krücken dazu)*

Es ist wahr, ich bin nicht allein. Das Kind in der Krippe ist da und füllt mein Herz mit Freude und Liebe.

Gabriel: *(Kommt auch zur Krippe)*

Menschen, hört es und behaltet es. Ohne Gott gibt es kein Weihnachten. Ohne Jesus braucht ihr nicht Weihnachten zu feiern. Ohne Glauben könnt ihr Weihnachten vergessen.

Vergesst es nie wieder: Weihnachten ist das Fest der Er-lösung. Weihnachten ist Gott Mensch geworden für uns Menschen. Freut euch!

Verkäuferin, Malte, alte Frau, Hausfrauen, Mädchen, geht zurück in eure Welt im Jahr NN Jahren und sagt es allen: Weihnachten ist das Fest der Geburt Jesu. Sagt es allen, vergesst es nie, und gebt die Freude in euren Herzen weiter.

Und ihr, hier in der Kirche, gebt nachher die Freude weiter, wenn ihr nach Hause kommt. Sagt auch in den Häusern, warum wir Weihnachten feiern: Jesus ist geboren, unser Retter. Behaltet es und sagt es weiter, damit es nie in Vergessenheit gerät.

(Alle bleiben während des folgenden Liedes um die Krippe herum stehen und gehen erst danach ab.)

Es geht auch ohne Wunder –oder?
Ein Krippenspiel von Pfarrer Michael Binnenhey

Szene 1:

Zwei Kinder liegen im Bett. Oben gucken die Köpfe raus, unten die Zehen.

Paula:
(leise) Merle, schläfst du? Merle?

Merle:
Mmmh.

Paula:
Merle, schläfst du wirklich? In echt?

Merle:
Paula, du nervst.

Paula:
(kuschelt sich an Merle) Aber ich bin so traurig. Mein Bauch tut schon wieder ganz doll weh. Merle, ich glaub ich muss schon wieder heulen.

Merle:
Ach Paula, mir geht es doch auch schlecht. Ich weiß nicht, wie ich dir helfen soll.

Paula:
Sollen wir Mama wecken?

Merle:
Nein, die weint dann auch nur wieder. Oder, noch schlimmer, sie meckert und schimpft über Papa. Und dann muss ich wieder heulen, weil ich Papa noch so lieb habe.

Paula:
Mama meckert, weil Papa weg ist. Weil der eine Andere hat. Aber ich habe ihn auch trotzdem noch lieb.
Und jetzt ist bald Weihnachten! Ich kann Weihnachten nicht ohne Papa sein!

Merle:

Ich auch nicht. Wir fragen Mama morgen mal, wie das gehen soll. Weihnachten ohne Papa.

Paula:

Aber nur, wenn sie gute Laune hat.

Merle:

Jetzt versuch zu schlafen. Ich versuche es auch. Morgen ist Sonntag, da können wir länger schlafen. Mama auch.

Paula:

Okay, aber es tut so weh.

Merle:

Ich weiß. Mir auch.

Szene 2:

Die Mutter sitzt im Morgenrock und Pantoffeln am Frühstückstisch. Die Kinder kommen dazu. Auf dem Tisch brennt ein Adventskranz mit drei Kerzen.

Merle:

Morgen Mama.

Paula:

Morgen Mama.

Mama:

Morgen ihr beiden. Na, alles klar?

Merle:

Ja klar! Du Mama, heute ist doch Sonntag. Heute musst du nicht arbeiten. Heute müssen wir nicht in die Schule. Oder?

Mama:

Ja.

Merle:
Mama, dann hast du doch Zeit? Oder?

Paula:
Zeit für eine Frage?

Mama:
Meinetwegen.

Merle:
Du Mama? *(schluckt)*

Paula:
Du Mama? *(schluckt auch)*

Mama:
Na, was denn? Raus mit der Sprache! Was habt ihr angestellt?

Paula:
Nichts, aber ...

Merle:
Aber kommt Papa Weihachten wieder zu uns?

Mama:
Nicht schon wieder! Nein und nochmals nein. Ich will ihn nicht mehr sehen. Schlimm, genug, wenn ihr da am zweiten Weihnachtstag hin müsst. Ich will das Wort „Papa" hier bis Weihnachten nicht mehr hören.

Die Mutter steht auf und geht. Merle und Paula bleiben stumm sitzen.

<u>Szene 3:</u>

Der Pfarrer hält Kindergottesdienst. Es brennt ein Adventskranz mit vier Kerzen.

Pfarrer:
Darum ist Weihnachten ganz toll. Weil Gott Mensch wird und zu uns kommt. Darum freuen wir uns alle.

Merle:

Das ist Quatsch. Ich freue mich jedenfalls nicht. Und Paula freut sich auch nicht. Papa ist nicht da. Er wohnt nicht mehr bei uns. Und er kommt auch Weihnachten nicht.

Paula:

Wir dürfen nicht einmal mehr von Papa sprechen, ohne das Mama böse wird.

Pfarrer:

Ach ja, Ich weiß, eure Eltern haben sich getrennt. Ja, das ist ganz schwer für euch dieses Jahr. Total doof.

Paula:

Zum Heulen.

Merle:

Zum Kotzen. Wie soll man sich da freuen. Aber Sie reden vom Weihnachtswunder und vom Frieden.

Pastor:

Das hört sich hohl an, oder?

Eine Frau kommt dazu.

Maria:

Ich bin Maria

Merle:

Welche Maria? Putzt du jetzt hier?

Ein Mann kommt auch dazu.

Josef:

Hallo, und ich bin Josef.

Merle:

Maria? Josef? Die aus der Bibel? Scheiße. Was wollt ihr denn hier? Sorry, dass ich das mit der Putzfrau gesagt habe.

Maria:

Schon okay, wir wollen euch helfen. Damals war die Welt auch nicht besser als heute. Uns wollte auch keiner haben. Wir waren bettelarm. Wunder gab es damals auch nicht. Jedenfalls nicht so, dass wir plötzlich Geld hatten. Oder dass es uns plötzlich supergut ging. Dass Weihnachten wirklich ein Wunder geschehen ist, das haben wir damals vielleicht geahnt. Aber kapiert haben wir das erst viel später.

Kommt, seht zu, wie es uns gegangen ist.

Erstmal müssen wir wieder wie damals aussehen.

Ziehen Schuhe und Socken aus und die Gewänder von damals an

Lied

Maria:

Das gab's damals alles noch nicht, alle armen Menschen liefen barfuß. Alle armen Menschen trugen ganz einfache Kleider. Und wir waren arm, das könnt ihr uns glauben.

Der Wirt da, der nicht. Der Halsabschneider war allerdings nicht arm.

Szene 4:

Wirt:

Ich habe keinen Platz für euch. Haut ab.

Maria:

(schluchzt) Aber ich kann nicht mehr. In meinem Bauch zieht es ganz doll. Ich glaube, das Kind kommt jetzt. Ich hab so Schmerzen.

Wirt:

Auch das noch, na meinetwegen! Los, ab in meinen Stall, da könnt ihr erstmal bleiben. Auch wenn ich kein Geld bekomme. Ich will ja nicht, dass das Kind auf der Straße geboren wird. Ihr seid ja schließlich auch nicht freiwillig unterwegs. Der Kaiser in Rom hat euch gezwungen mit seiner blöden Volkszählung. Aber sobald das Kind da ist, müsst ihr verschwinden, das sage ich euch! Ich habe schließlich nichts zu verschenken!

Maria und Josef gehen in den Stall und setzen sich.

Maria:

(Zu den Kindern) Passt auf, jetzt könnt ihr gleich erleben, dass scheinbar alles so bleibt, wie es ist, und dass doch ein Wunder geschieht.

Szene 5:

Hirten stehen im Halbkreis. Sie haben raue Gewänder an und sind auch barfuß. Engel im weißen Gewändern treten dazu.

1. Engel:

Fürchtet euch nicht, habt keine Angst! Siehe, ich verkündige Euch große Freude. Euch ist heute der Retter geboren, Jesus. Gott hat ihn euch schon so lange versprochen. Jetzt wurde er geboren. Ihr findet ihn in Bethlehem in einem armen Stall. Er ist in Windeln gewickelt und liegt in einer Krippe.

2. Engel:

Freut euch, es ist wirklich wahr.

3. Engel:

Ehre sei Gott in der Höhe und Frieden auf der Erde. Gott macht heute alles neu.

1. Engel:

Geht nach Bethlehem. Es ist wirklich so passiert. Es ist alles wahr. Gott hat die Menschen lieb. Er hat die Menschen nicht vergessen.

Die Engel gehen ab.

1. Hirte:

Es gibt keine Wunder.

2. Hirte:

Es bleibt doch immer alles so, wie es ist.

3. Hirte:

Das war schon immer so.

4. Hirte:

Und wenn wir nun doch hingehen? Und wenn es doch stimmt, was die Engel sagen?

2. Hirte:

Sollen wir?

1. Hirte:

Wäre ja wenigstens mal eine Abwechslung.

2. Hirte:

Los, wir gehen einfach. *(Zum dritten Hirten)* Du bleibst bei den Schafen, das war schon immer so.

3. Hirte:

Okay. Das war schon immer so.

Alle Hirten gehen ab.

Lied

Szene 6:

Maria:

(zu Merle und Paula) Da hatte ich immer noch nichts von dem Wunder verstanden. Ich hatte immer noch nicht begriffen, was da passiert.
Aber passt weiter auf.

Die Hirten 1, 2 und 4 kommen zur Krippe. Sie sehen das Kind. Sie erschrecken. Sie staunen. Sie knien nieder.

Josef:

Was ist los? Warum kniet ihr?

1. Hirte:

Es ist wirklich wahr.

Maria:

Was?

2. Hirte:

Das, was die Engel gesagt haben?

Maria:

Engel? Wo waren Engel? Was haben die denn gesagt?

4. Hirte:

Draußen waren die Engel, bei uns Hirten. Alles war plötzlich taghell. Und Engel haben uns gesagt, dass dieses Kind Jesus heißt. Dass es in einer Krippe liegt. Und dass es der Retter der Welt ist.

Hirten stehen auf!

Maria:

Unser Jesus, der Retter der Welt?

Josef:

Dann haben wir es doch nicht geträumt. Hat nicht der Engel das damals in Nazareth auch zu dir gesagt?

Maria:

Ja, ja. Hat er. Er hat gesagt, dass ich mich freuen soll, weil Jesus der Retter der Menschen sein wird. Aber ich habe gedacht, ich spinne.

Josef:

Und mir hat der Engel gesagt, dass Jesus nicht nur unser Kind ist, sondern auch Gottes Sohn. Ich habe es auch nicht wirklich geglaubt. Ich habe auch gedacht, dass ich spinne.

1. Hirte:

Das haben wir auch gedacht. Aber wir können doch nicht alle spinnen. Dieses Kind hat Gott zu uns Menschen geschickt, um uns zu erlösen. Mitten in unser Leben. Mitten in unsere Welt.

2. Hirte:

Mit diesem Kind sagt Gott uns: Ich habe euch Menschen nicht vergessen. Ich habe euch lieb. Ganz doll lieb.

4. Hirte:

Ihr Menschen seid nicht allein. Auch wenn ihr das manchmal glaubt.

Josef:

Jetzt spüre ich es wirklich in mir: In diesem Kind ist Gott da.

Maria:

Ja, es ist wahr. Wie gut mir das tut. Mitten in Armut, Trauer und Not kommt Gott zu uns. Diesen Moment möchte ich für immer in mir festhalten.

Szene 7:

Alle Engel kommen zur Krippe und der dritte Hirte kommt auch.

3. Hirte:

Ich wollte nicht mehr allein bei den Schafen bleiben. Auch wenn es schon immer so war. Denn mein Herz sagt mir: Es ist alles neu geworden.

1. Engel:

Es ist alle neu geworden, auch wenn ihr noch arm seid.

2. Engel:

Es ist alles neu geworden, auch wenn ihr noch traurig seid.

3. Engel:

Es ist alles neu geworden, auch wenn ihr noch krank seid, oder auf der Flucht, oder verzweifelt.

1. Engel:

Es ist alles neu geworden, denn jetzt ist Jesus immer mit dabei.

Szene 8:

Maria:

(zu Merle und Paula) Ich habe das damals ganz fest im Herzen festgehalten. Lange habe ich nicht begriffen, was das bedeutet: Alles sieht aus wie vorher. Und doch ist alles ganz anders. Und es ist doch alles neu. Weil Jesus da ist.

Hirten gehen ab!

Merle:

Aber Papa kommt trotzdem Weihnachten nicht.

Paula:

Mama bleibt traurig.

Merle:

Wir weinen auch jede Nacht.

Paula:

Trotz Jesus.

Maria:

Ihr habt recht. Ganz so einfach ist das auch nicht. Auch in meinem Leben gab es noch viel Trauriges, auch nach der Geburt von Jesus. Manchmal sogar gerade wegen ihm.
Ich weiß noch, wie er uns verlassen hat, um Wanderprediger zu werden.
Irgendwann haben seine Feinde beschlossen, ihn zu töten.
Ich habe gesehen, wie Jesus später am Kreuz gestorben ist. Da habe ich viel geweint.

Josef:

Ich musste auch weiter hart arbeiten. Schließlich hatten wir noch mehr Kinder! Und manchmal war es ganz schön knapp mit dem Essen.

Maria:

Aber ich habe doch gespürt: Mit Jesus ist alles neu geworden. Denn meine innere Haltung hatte sich geändert. Ich habe alles mit anderen Augen gesehen.

Josef:

Unser Jesus ist auch heute kein Zauberer. Er macht nicht plötzlich alles Schlimme weg. Er zaubert auch keine Papas her. Er macht auch keinen Weihnachtsfrieden, wo Menschen lieber streiten.

Maria:

Aber Jesus schenkt uns Kraft, weiterzuleben. Wir sehen plötzlich alles neu. Wir verstehen alles neu.

1. Engel:

Jesus trocknet unsere Tränen durch Menschen, die uns trösten.

2. Engel:

Jesus zeigt uns unseren Weg, durch Menschen, die uns weiterführen.

3. Engel:

Jesus lässt uns das Schwere so verstehen und begreifen, dass wir damit leben können.

Engel gehen ab!

Lied

<u>Szene 9:</u>

Paula:

Jesus zaubert uns Papa nicht unter den Christbaum.

Merle:

Aber er hilft uns damit zu leben, dass Papa nicht kommt. Er hilft uns, den Streit zwischen Mama und Papa auszuhalten, ohne selbst immer trauriger zu werden.

Paula:

Weihnachten ohne Tränen und Bauchweh, das wäre schön.

Merle:

Das wünsche ich mir auch so sehr. Vielleicht hilft es dann, die Hände zu falten und daran zu denken, dass Jesus bei uns ist, und uns lieb hat.

Paula:

Jesus hat auch Papa und Mama und alle Menschen lieb. Und wenn Menschen leiden, dann ist er ganz nahe. Das ist das Wunder von Weihnachten.

Maria:

Das Wunder von Weihnachten ist: Dieses winzige Kind in der Krippe hält uns alle geborgen in seinen liebenden Händen.

Josef:

Sein Licht scheint in die finsterste Finsternis und macht sie hell.

Merle:

Das tut gut. Das macht von innen warm. Das schenkt uns Menschen ganz viel Hoffnung.

Paula:

Danke Gott. Danke Jesus. Danke, dass du es trotz allem in uns hell machst.

Merle:

Das schenkt uns Mut und Kraft. Uns und allen Menschen, die es schwer haben.

Paula:

Mit Jesus im Herzen können wir Weihnachten auch ohne Papa überstehen.

Merle:

Mit Jesus im Herzen, müssen wir nicht verzweifeln.

Paula:

Mit Jesus im Herzen können wir vielleicht sogar ein bisschen fröhlich sein.

Merle:

Komm, das versuchen wir. Wir brauchen noch ein Geschenk für Mama.

Paula:

Und für Papa.

Tschüss Maria, tschüss, Josef, tschüss ihr Hirten und ihr Engel, ihr habt uns echt geholfen.

Maria:

Nicht wir haben euch geholfen, das war Jesus selbst. Tschüss ihr beiden und frohe Weihnachten.

Habt ihr alle was gemerkt?

Es geht nicht ohne Wunder. Aber die Wunder sind ganz anders, als wir sie erwarten.

Die Reise nach Bethlehem
Ein Weihnachtsspiel von Pfarrer Michael Binnenhey

1. Szene:

Maria und Ester sind zusammen in einem Raum. Beide sind barfuß und in einfachen Kleidern.

Ester:
Hi Oma, was geht?

Maria:
Hallo Ester, alles okay bei mir. Bei dir auch?

Ester:
Bei mir doch immer, weißt du doch.

Maria:
Ich sehe dich ganz oft mit Jonas rumknutschen. Ich finde das nicht gut. Pass auf, dass du nicht schwanger wirst, du bist erst 15 Jahre alt.

Ester:
Oma, du bist peinlich.

Maria:
Ich weiß, dass ich peinlich bin und du weißt, dass ich recht habe.

Ester:
Aber Jonas ist sooo lieb und wir machen auch noch nichts, versprochen. Und erzähl bitte Mama und Papa nichts.

Maria:
Meinst du die hätten keine Augen und wüssten das nicht? Ich glaube, da blüht dir sowieso Ärger. Denn Papa hat Nehemia versprochen, dass du seinen Sohn Hiob heiratest.

Ester:
Niemals, der ist hässlich und blöd.

Maria:

Aber du musst wirklich aufpassen, schwanger zu sein ist nicht lustig. Jedes meiner acht Kinder hat mich viel Kraft gekostet.

Ester:

Außerdem musst du mir gar nichts erzählen. Du hast dein erstes Kind auch mit 15 gekriegt und im Dorf wird überall erzählt, dass es nicht von Opa war.

Maria:

Du bist frech und ungehörig!

Ester: *(geht wütend aus dem Raum)*

Aber stimmen tut es doch.

2. Szene

Ester sitzt am Tisch und weint, als Maria dazukommt.

Ester:

Hau ab, du hast mich verraten. Ich will dich nie mehr sehen.

Maria: *(legt den Arm um Ester)*

Nein, Ester, ich würde dich nie verraten.

Ester: *(schluchzt)*

Aber Papa hat mir verboten, mich mit Jonas zu treffen! Wie soll ich das überleben? Ich habe ihn doch so lieb. Und den bescheuerten Hiob, den heirate ich niemals.

Maria:

Ich habe eine Idee: Wir machen zusammen eine Reise und dabei erzähle ich dir alles von Opa und mir und meinem ersten Kind. Und du denkst darüber nach, ob du Jonas oder Hiob oder keinen von beiden nimmst. Ich kläre das mit Mama und Papa und dann sind wir ab morgen zwei Wochen unterwegs.

Ester:

Wenn du meinst, dass das hilft ... Auf jeden Fall bin ich dann erstmal hier weg. Weit weg von Papa und Mama.

3. Szene:

Ester und Maria wandern, beide sind weiter barfuß und in einfachen Kleidern.

Ester:

Oma, meine Füße tun weh und ich kann nicht mehr.

Maria:

Wir sind erst einen halben Tag unterwegs und müssen noch zweieinhalb Tage laufen, einmal durchs ganze Land.

Aber lass uns eine Pause machen, dann fange ich an, dir zu erzählen.

(beide setzen sich)

Damals war ich ganz doll verliebt in Opa. Und natürlich hatten wir auch schon getan, was eigentlich verboten war. Eigentlich musste ich mich also gar nicht wundern, dass ich schwanger wurde. Das passiert jungen Paaren. Aber trotzdem war alles von Anfang an ganz anders und ganz wunderbar.

Ester:

Warum war alles anders, Oma? Und wunderbar war es doch eigentlich wirklich nicht, oder?

Maria:

Anders war es schon. Denn ich war dem Zimmermann Joseph versprochen. Wir sollten heiraten. Insofern gab es auch kein Problem. Denn Joseph und ich liebten uns ehrlich und aufrichtig.

Trotzdem hatte ich diesen Traum, in dem der Engel mir sagte: „Maria, dein Kind ist nicht Josephs Kind. Es ist Gottes Kind. Es ist der Retter von Gott für alle Menschen. Und es soll Jesus heißen."

Ester:

Komisch, hast du dir das nicht nur eingebildet?

Maria:

Nein, Joseph hatte zur gleichen Zeit fast den gleichen Traum. Auch er spürte, dass er nicht wirklich der Vater war. Auch er spürte, dass Jesus Gottes Kind war. Aber wir haben uns gesagt: Zusammen schaffen wir das.

Ester:

Und dann seid ihr wegen der Volkszählung des Kaisers Augustus von Nazareth nach Bethlehem gelaufen. Das hat mir Opa früher oft erzählt, wenn ich als kleines Mädchen auf seinem Schoß gesessen habe.

Maria:

Ich war hochschwanger und konnte kaum laufen. Mein Rücken und meine Füße taten höllisch weh. Und wir konnten keine Pause machen.
Komm, Ester, lass uns weitergehen, der Weg ist noch weit und ich möchte das alles noch einmal wiedersehen. Wer weiß, wie lange Gott mich noch leben lässt.

Ester:

Du darfst nicht sterben Oma, schon Opas Tod hat mir so weh getan.

Maria:

Ach Ester, der Tod gehört zum Leben, das wirst du schon noch lernen müssen.

4. Szene:

Ester:

Oma, Oma, da vorne ist Bethlehem.

Maria:

Jetzt müssen wir nur noch die Herberge finden, die uns damals endlich aufgenommen hat.

Ester:

Opa hat erzählt, dass ihr im Stall geschlafen habt. Der Wirt muss aber ein mieser Typ gewesen sein.

Maria:

Ganz im Gegenteil. Die Stadt war wegen der Volkszählung überfüllt mit Menschen. Mehrere Wirte hatten uns schon abgewiesen und der hat uns wenigstens im Stall schlafen lassen. Das war richtig nett von ihm. Sonst wäre dein Onkel Jesus auf der Straße geboren worden. Schau hin:

Lied:

5. Szene:

Die junge Maria, Joseph und der junge Wirt.

Junge Maria:

Joseph, Joseph, ich kann nicht mehr. Meine Füße tun so weh und ich spüre, dass das Kind bald kommt. Wir hätten die weite Reise nicht machen sollen.

Joseph:

Aber der Kaiser hat es doch befohlen.

Junge Maria:

Das ist nicht unser Kaiser. Der wohnt weit weg in Rom. Von mir aus hätte der viel befehlen können. Aber du hast ja immer Angst.

Joseph:

Ach Maria, lass es gut sein. Komm, hier will ich noch einmal klopfen.
(klopft)
Herr Wirt, haben sie noch einen Platz für uns? Meine Frau hat Schmerzen und das Baby kann jeden Moment kommen.

Junger Wirt:

Ach, eigentlich nicht. Alles ist total voll. *(Sieht auf Marias Bauch)* Aber weiterschicken kann ich euch arme Menschen in dem Zustand ja auch nicht. Kommt einfach mit, ich habe noch Platz im Stall.

Joseph:

Danke, das ist echt total lieb. Wir können nicht mehr.

Junge Maria:

Gut, dass wir einen Platz gefunden haben. Ich glaube, dass das Baby wirklich bald kommt. Danke, du guter Wirt.

Junger Wirt:

Jaja, lasst mal gut sein. Ich tu nur, was ich kann. Bezahlen braucht ihr auch nicht, ihr seht nicht so aus, als hättet ihr viel Geld.

Junge Maria:

Du bist ein guter Mensch. Gott soll dich segnen.

6. Szene:

Maria:

Und so haben wir es uns zwischen Schafen und Ziegen irgendwie erträglich gemacht. Ein Ochse und ein Esel waren auch da. Irgendwie war das komisch und auch tröstlich zugleich.

Ester:

Los, Oma, lass uns die Herberge suchen, vielleicht lebt der Wirt ja noch.

Maria:

Langsam, langsam Kind. Das sieht hier alles ganz anders aus als früher. Aber meine Füße tun genauso weh.

Ester:

Und meine erst. Da habe ich mich auf was eingelassen.

Maria:

Schau, da ist es! Das ist die Herberge von damals. Lass uns klopfen.

Ester:

Die könnte wohl mal einen neuen Anstrich vertragen...

Maria klopft, eine junge Frau, Judith, öffnet. Auch sie ist einfach gekleidet, barfuß und trägt eine Schürze.

Judith:

Hallo, ihr beiden, kommt rein, sicher braucht ihr ein Bett für die Nacht. Ich habe oben noch Platz.

Maria:

Eigentlich würde mir der Stall genügen, wie damals ...

Ester:

Oma, du bist megapeinlich!

Judith:

Ihr wollt im Stall schlafen, warum? *(zögert)* Hei, bist du etwa die Frau, von der Opa immer erzählt, die Frau, die damals das Kind im Stall geboren hat? Wo dann noch die Hirten kamen und die Engel?

Maria:
Weißt du davon?

Judith:
Opa erzählt die Geschichte heute noch fast jeden Tag und auch jedem, der sie nicht hören will.

Maria:
Lebt der Opa noch?

Judith:
Klar, er hört, sieht und läuft nicht mehr gut, aber sonst ist er noch voll fit. Ich hole ihn gleich.

Ester:
Bor, wie peinlich wird es jetzt! Ich will nach Hause! Schnell!

Wirt: *(humpelt herein und geht ganz nah an Maria)*
Dass ich das noch erleben darf? Bist du das Mädchen von damals? Das Mädchen, das hier das Kind gekriegt hat in meinem Stall? Lass dich anschauen.

Maria:
Ja, das waren Zeiten. Über 50 Jahre ist das her. Aber irgendwie wollte ich das alles noch einmal sehen und erleben. Und ich wollte es meiner Enkelin Ester erzählen. Die ist gerade frisch verliebt und will nicht den Mann heiraten, den mein Sohn Joses für sie ausgesucht hat.

Ester:
Wo ist hier ein Mauseloch? Ich will weg!

Judith:
Komm mit, wir setzen uns zur Seite und hören einfach weg, so gut es geht. *(Sieht sich Esters Füße an)* Und ich mache dir Salbe an deine wunden Füße. Die sehen ja schlimm aus.

Maria:
Ich weiß es noch wie gestern.

Wirt:
Ich habe das Bild auch genau vor Augen.

7. Szene:

Die Junge Maria und der junge Joseph sitzen an der Krippe, in der das Jesuskind liegt. Plötzlich klopft es.

Hirte 1:
Hallo? Sind wir hier richtig? Dürfen wir hereinkommen?

Joseph:
Kommt ruhig rein!

Junge Maria:
Seid unsere Gäste.

Hirte 1:
Da ist es. Da liegt das Kind in Windeln gewickelt und in einer Krippe.

Hirte 2:
So hat es der Engel gesagt.

Junge Maria:
Engel? Was habt ihr erlebt?

Hirte 1:
Draußen auf den Feldern waren auf einmal viele Engel. Die haben Gott gelobt.

Hirte 2:
Die haben uns hierher geschickt. Warte, der eine hat so zu uns gesprochen:

Engel 1: *(kommt in den Raum)*
Fürchtet Euch nicht, siehe ich verkündige euch große Freude. Denn Euch ist heute der Heiland geboren. Ihr werdet finden das Kind in Windeln gewickelt und in einer Krippe liegen.

Die Hirten kommen in den Raum und stellen sich zur Krippe. Es sind raue Gesellen, in einfachen Sachen, barfuß oder auf Socken.

Hirte 1:
Es stimmt alles, der Retter der Welt wurde geboren.

Hirte 2:

Und die armen und einfachen Menschen erfahren es zuerst.

Hirte 1:

Das ist alles so wunderbar. Jetzt wird alles gut.

Hirte 2:

Das tut mir so gut, dass Gott uns nicht vergessen hat.

<u>8. Szene</u>

Judith:

Kneif mich Ester, stimmt das alles, wovon Opa immer erzählt?

Ester:

Ja, das stimmt, das weiß ich. Mein Opa und meine Oma haben es wirklich so erlebt. Mit den Engeln und den Hirten. Aber lass uns weiter zuhören, es ist doch gar nicht so peinlich.

Judith:

Ja, es ist tatsächlich irgendwie wunderschön.

<u>9. Szene:</u>

Beliebig viele Engel kommen dazu, alle sind barfuß und in weißen Gewändern.

Junge Maria:

Joseph, es ist alles wahr, was wir geträumt haben. Jesus ist nicht nur unser Kind. Jesus ist der Retter von Gott, auf den die Menschen schon so lange warten.

Joseph:

Ja, Maria, und ich bin so glücklich, auch wenn ich es kaum begreifen kann. Mein ganzes Herz ist voller Freude.

Junge Maria:

Meins auch. Und ich will alles, was ich hier höre und sehe, für immer im Herzen behalten. Gott rettet die Welt durch unser Kind. Das ist so wunderbar. Alle Menschen sollen es hören und wissen.

Lied:

10. Szene

Die alte Maria, der alte Wirt, Ester und Judith

Judith:

Ich habe immer geglaubt, dass du spinnst, Opa. Aber jetzt habe ich begriffen, dass alles wahr ist. Vielleicht ist es doch gar kein Quatsch, an Gott zu glauben.

Ester:

Ich glaube an Gott, weil es mir hilft. Und dass die Geschichte stimmt, wusste ich schon immer.

Alter Wirt:

Wie ist das damals eigentlich alles weitergegangen? Was ist aus deinem Kind geworden?

Maria:

Das ist eine lange Geschichte. Erst war alles ganz normal. Jesus wurde Zimmermann, wie sein Vater. Aber wir spürten doch immer, dass er irgendwie anders war. Mit 30 Jahren wurde Jesus dann Wanderprediger und ist in die Städte und Dörfer gegangen, um den Menschen von Gott zu erzählen. Und der hat das so wunderbar gemacht, dass die Menschen durch ihn Gott ganz neu kennengelernt haben. Sie haben gespürt, dass Gott sie liebt, und sie sind unserem Jesus in Massen nachgelaufen.

Ester:

Aber dann haben die Mächtigen in Jerusalem ihn kreuzigen lassen.

Judith:

Typisch, und damit war dann alles vorbei?

Maria:

Nein, eben nicht. Alle seine Freundinnen und Freunde haben gespürt, dass es weitergeht, dass Jesus auferstanden ist und lebt und mitten unter uns ist. Und so ist die Christengemeinde entstanden, mein Sohn Jakobus leitet sie zusammen mit dem Fischer Petrus. Aber das ist eine viel zu lange Geschichte.

Ester:

Heute ist die Geburt von Onkel Jesus wichtig, denn damit hat alles angefangen. Vergesst es nie: Auch wenn man es erst nicht spürt, Jesus ist der Retter der Welt. Alle Menschen, die an ihn glauben sind gerettet. Ihr ganzes Leben ist neu.

Alter Wirt:

Und das alles in meinem armen Stall. Lass uns das Bild für immer festhalten ganz tief im Herzen.

11. Szene

Judith:

Du, Ester, war da nicht auch noch was mit Königen? Davon hat mein Opa auch immer gesprochen.

Ester:

Mein Opa auch. Aber ich glaube, das waren keine echten Könige, das waren ganz kluge und weise Menschen, die kamen von ganz weit her. Warte kurz, ich erinnere mich, das war so:

12. Szene:

Die Weisen sind vornehm gekleidet.

1. Weiser:

Da, jetzt sehe ich den Stern wieder ganz deutlich. Er steht über der Stadt Bethlehem. Lass uns schnell dahin gehen. Dort sind wir endlich am Ziel.

2. Weiser:

Hoffentlich hast du diesmal Recht. Jerusalem stimmte nicht, da war nur der König Herodes, der widerliche Kerl.

3. Weiser:

Bah, wie der uns belogen hat. Der will das Kind nicht anbeten. Der will ihm bestimmt etwas Böses tun. Das habe ich ganz deutlich gespürt.

1. Weiser:

Stopp! Da ist es. Da steht der Stern ganz still.

Die Weisen betreten den Stall.

Junge Maria:
Wer seid ihr und woher kommt ihr?

1. Weiser:
Wir sind Sterndeuter. Ein heller Stern hat uns hierher geführt.

2. Weiser:
Er hat uns gezeigt, dass hier ein neuer König geboren wurde.

3. Weiser:
Ein ganz wichtiger König, der über die ganze Welt herrscht.

1. Weiser:
Aber er wird nicht mit Gewalt herrschen, sondern mit Liebe, das zeigt uns der Stern auch.

2. Weiser:
Er wird die armen und einfachen Menschen besonders lieben. Darum wird er in einem Stall geboren.

3. Weiser:
Und er wird der ganzen Welt Licht und Hoffnung schenken.

Junge Maria:
Setzt euch, ihr klugen Männer, bleibt bei uns, so wie die Hirten und die Engel.

13. Szene:

Ester:
Sag mal Judith, wolltest du nicht meine Füße mit Salbe behandeln? Die tun immer noch total weh!

Judith:
Das machen wir gleich oben im Zimmer. Pennst du bei mir? Dann kannst Du mir noch viel mehr von Jesus erzählen.

Ester:

Klaro! Von Jesus kann man nicht genug erzählen.

Die ganze Krippenszene geht ab.

Lied:

12. Szene

Ester und Maria auf dem Rückweg.

Ester:

Das war eine tolle Reise. Ich bin so froh, dass ich mitgekommen bin. Ich glaube jetzt noch fester an Gott als vorher.

Maria:

Das freut mich mein liebes Kind. Halt alles nur fest im Herzen, vielleicht will irgendwann mal jemand alles aufschreiben und ich lebe ja nicht ewig.

Ester:

Mir ist noch mehr klar geworden, Oma. In der Nacht, in der ich neben Judith geschlafen habe, war ich noch lange wach und habe nachgedacht: Ich liebe Jonas sehr und ich möchte ihn wirklich heiraten. Hiob ist wirklich nett, aber ich spüre nichts, wenn ich ihn sehe. Aber ich sehe ein, dass das mit Papa schwierig wird.

Maria:

Sprich in Ruhe mit ihm. Ich bin dabei, dann findet sich sicher ein Weg. Sei nur nicht so zappelig und ungeduldig und mecker nicht sofort los.

Stell dir vor, Opa hätte damals gemeckert und mich sitzenlassen. Manchmal braucht man im Leben viel Geduld.

Ester:

Opa Joseph war schon klasse. Ihr beide hattet viel Geduld und habt viel ausgehalten. Das will ich auch machen. Und ich vertraue darauf, dass Gott es gut macht. So wie damals an der Krippe von Bethlehem.

Maria:

Ja, da hat Gott wirklich alles neu und gut gemacht. Vergiss das niemals.

Ester:

Bestimmt nicht, Oma, bestimmt nicht.

Printed by Books on Demand GmbH, Norderstedt / Germany